TRATTATO
DEL
BALLO NOBILE
DI
GIAMBATISTA
DUFORT
INDIRIZZATO
All' Eccellenza
DELLE SIGNORE DAME, E DE' SIGNORI CAVALIERI
NAPOLETANI.

IN NAPOLI MDCCXXVIII.
Nella Stamperia di Felice Mosca.

Con licenza de' Superiori.

Published by
The Noverre Press
Southwold House
Isington Road
Binsted
Hampshire
GU34 4PH

© 2010 The Noverre Press

ISBN 978-1-906830-08-3

A CIP catalogue record for this book is available from
the British Library

ECCELLENZE

E signorili, e generose maniere, che l' Eccellenze Vostre, infin da quel tempo, ch' ebbi l'onor di essere anno-

verato tra voſtri ſervidori, compiaciute ſempremai ſi ſono, benignamente uſare inverſo di me, mi hanno di sì fatto peſo d'obbligazioni aggravato ; che l'aver io abbandonata la Francia, ove nacqui, parte non meno conſiderabile dell'Europa, che di tutto il Mondo ; l'eſſermi poco curato di parecchi altre Città coſpicue d'Italia ; ed ultimamente l'aver diliberato impiegare nel voſtro ſervizio il reſtante tempo della mia vita, mi ſono tutte ſembrate coſe, le quali, anzi mi potrebbono in picciola parte alleggiare, che

del

del tutto sottrarre da quella importabilissima gravezza. Per non tralasciare intanto alcun altro mezo da soddisfare al giusto insieme, ed ardente disiderio, che tengo, d'andarmene tuttavia, il meglio, che posso, alleviando; ed oltracciò per non offendere nel difforme vizio dell'ingratitudine; essendomi a rintracciar messo altra via, da fare alcuna cosa, la qual vi potesse piacere (poichè ogni vostro, avvegnachè lieve gradimento sarebbe per tormi daddosso una gran parte del detto peso) m'è venuto finalmente pensato, fare un Trattato del Ballo Nobile, nel qual foſſero con ogni poſſibile chiarezza raccolte, e dichiarate le regole, ed i precetti generali d'una tal arte. E di già dopo aver io durate lunghiſſime fatiche, finalmente eccolo per mezo delle ſtampe uſcito alla luce del Mondo: la quale, perciocchè ſoventi volte addiviene, che, per diverſe cagioni, in denſiſſima tenebra ſi tramuti con ſommo detrimento della ſtima de'poveri Autori, ho avuto l'ardimento d'allogar nel ſuo fronte il chiaro, e ſplendentiſſimo nome dell'Ecl' Eccellenze Vostre, acciocchè se peravventura gli manca il propio lume, abbia modo, nella copia, che ne gli bisogna, da provvedersene. Quindi messomi a nuovamente pensare, che altro scemamento d'obbligazioni si fosse per me fatto con una tale fatica, ho trovato pur quello assai lieve, e queste tuttavia pesantissime, ed infinite. Perlaqualcosa ho chiaramente coll' esperienza ravvisato il peso della vostra grandezza, e la leggerezza della mia insufficienza; e che io posso dall' Eccellenze Vostre esser col-

colmato di benefizj, ma che non poſſo, nè anche in picciola parte ſoddisfargli. Suppliſca adunque alle mie neceſſarie mancanze, l'innata generoſità dell'animo voſtro. E prendiate con gradimento, non già quello, che vi ſi dovrebbe, ma ciò, ch'io ſono in iſtato di potervi preſentare. E dando da tempo in tempo qualche occhiata a queſto libro, che vi offero, piacciavi, ch'io ne ritragga il frutto non già d'ammaeſtramento, ma di ricordazion delle coſe, che voi perfettamente ſapete. Ed ultimamente pregando il più,

che

che sò, e poffo, l'Eccellenze Vostre a tenermi sotto quella valevoliffima protezione, che finora ho goduta, finifco facendovi profondiffimo inchino. Di Napoli addì 6. Novembre 1728.

Dell' Ecc. VV.

Umiliff. divotiff., ed ebbligatiff. Servidor vero
Giambatifta Dufort.

AVVISO
A CHI LEGGE.

Quantunque l'invenzion della Danza sia antichissima per quello, che ne scrivono molti Autori, che trattano degl' Inventori di essa, e delle Nazioni, presso le quali fu in grandissimo uso; tuttavia non si può fermamente dire, che gli Antichi, i quali invero ballavono, o saltavano regolati dall' armonia, abbiano avuta notizia della Danza regolata, cioè composta di que' soli passi, i quali, secondo le regole appresso trovate, si possono adoperare.

Gl'Italiani, senz'alcuna contraddizione, furono i primi, a dar le regole della Danza, sulle quali scrissero alcuni libri. Il più antico di essi, fu dato alle stampe a Milano l'anno 1468, e che ha questo titolo: Il Ballarino perfetto di Messer Rinaldo Rigoni, Dedicato al Serenissimo Signognore *Galeazzo Sforza Duca di Milano*; ed il più novello è stampato in *Venezia* l'anno 1581, *il cui titolo è questʼaltro: Il Ballarino di Messer Fabrizio Caroso da Sermoneta, diviso in due Trattati, Dedicato alla Serenissima Signora, la Signora Bianca Cappello de' Medici Gran Duchessa di Toscana*.

I Spagnoli poi furono i primi, che impararono la Danza Italiana, a cui aggiunsero alcune capriole, ed il suono delle castagnette; per la qual cagione, questa Danza, che prima si diceva Italiana, appresso ricevè due nomi, co' quali era indifferentemente, sicome è anche di presente, chiamata, cioè Italiana, e Spagnola. I passi di questa Danza, comeche fatti in cadenza sopra alcune arie di malissimo gusto, non erano già naturali, ma sì faticosi, e forzati. I piedi si teneano paralleli, donde nasceva, che i passi riuscivano duri, ed inflessibili. Le braccia sopra i lati distese, e diritte, come si vede dalle figure, delle

qua-

quali vanno adorni i libri di sopra recati. Le figure eran poco considerabili, e del tutto spogliate del buon gusto, che regna oggidì. In somma questa Danza Italiana, o Spagnola, la quale immagino, che a quel tempo riuscita fosse gradevole, di presente sarebbe in vero molto ridicolosa a vedere; in guisachè Monsieur *Filibois Maestro di Ballo nella Corte Imperiale* ne ha composto un carattere buffonesco, il quale, vestito egli all'antica maniera Italiana, con somma ammirazione di tutti, sopra i più cospicui Teatri d'Italia, ha ballato.

Egli non ha guari, che in alcuni Collegj d'Italia, v'erano de' Maestri di Ballo Italiani, e Spagnoli, i quali insegnavano questa Danza. Ma appresso, essendo arrivata ne' detti Collegj la Danza Franzese, incontinente l'Italiana oscurata, ed avvilita dalla vaghezza di quella, si cominciò a disusare; ed in pochissimo tempo accadde, che la danza Franzese s'imparava per necessità, dove la Spagnola (contuttototochè i Maestri, seguendo l'uso franzese, lasciate avessero le lor parallele positure de' piedi, e la durezza, ed inflessibilità delle loro braccia) s'imparava solamente per rarità.

Se gl'Italiani, come è detto, furono i primi Inventori della Danza regolata; bisogna pur confessare, che i Franzesi stati son quelli, che l'hanno ridotta a miglior perfezione. Hanno essi saputo alla danza da Teatro adattare tutto ciò, che si può immaginare di spiritoso, e sorprendevole; ed a quella da Sala di più nobile, e maestoso. Monsieur de Beauchamp compositore di Balli nelle prime Opere in musica introdotte a Parigi, imprese sotto Luiggi il Grande, a cui ebbe egli l'onore di dar lezione di ballo, questa non men penosa, che leggiadra fatica. Alla quale poi Monsieur Pecour compositore di balli nell' Accademia Reale di Parigi ha dato con tanto applauso l'ultima mano. In somma questi due chiariss.mi Professori hanno sì fattamente perfezionata la Danza, e levatala

tala a cosi alto segno, che non solamente hanno in piccolo spazio di tempo fatto mandare in disuso tutte le altre Danze, ma hanno obbligato moltissime Nazioni, e forsi le più colte del Mondo tutto, a non preggiarsi, in altra maniera, che nella francesca, ballare.

Di queste due specie di Danze, quella da Teatro, per lo raddoppiamento de' passi battuti, capriolati, o pirolati, si rende assai faticosa a ballare. Ella non serve, nè dovrebbe servire se non a' Professori di Ballo, de' quali riuscendone per lo Teatro assai pochi, vengono in conseguenza a farsi molto preggiare. E per contrario la Danza da Sala, o da Festino, che vogliam dire, della quale io tratto nel presente libro, è assai men faticosa di quella da Teatro. Serve alle Dame, Cavalieri, ed altre gentili persone, e perfino i Monarchi non hanno ritegno di volerla imparare, e perciò poi ha ricevuto il nome di Ballo Nobile.

Questa Danza è uno de' tre nobili eser-

esercizj, che s'insegnano in tutte l'Accademie, e Collegj dell'Europa, i quali sono il Cavalcare, la Scherma, e la Danza. De' quali quest' ultima perfeziona, e dà grazia alle persone ben fatte, ed all' incontro nasconde i difetti di coloro, a' quali la Natura è stata poco liberale de' doni suoi.

Questo si è il più nobile, e leggiadro divertimento, così delle Corti sovrane, che dell' altre Città cospicue. Ed in vero non v'è in esse cosa più magnifica, e che dia maggior diletto, quanto le feste di Ballo, nelle quali si fanno ammirare, e contradistinguere, tra gli altri, coloro, che sanno perfettamente la Danza.

Questo nobile esercizio, non essendo già violento, ma temperato, oltre l'esser richiesto, e necessario nelle persone di distinzione, serve parimente a coloro, che hanno bisogno, per conservarsi nella salute, di tenere il corpo esercitato.

Cr sopra esercizio, ed arte così nobile essendomi io per lungo spazio di tem-

tempo messo a considerare, se trovar si potessero le regole generali, per mezo delle quali si potesse con ogni agevolezza, e perfettamente ballare ogni Danza, alla perfine m'è venuto fatto di ritrovarle, e con ogni possibile distinzione le ho messe in chiaro nel presente Trattato; nel quale spezialmente ho renduti aperti i movimenti del corpo, donde procedono tutti i passi del ballo nobile. I quali essendo, tra le parti della Danza, la principale, ho dovuto minutamente ad uno ad uno andargli disaminando, per ravvisar di quanti, e quali movimenti ciascuno di essi sia composto; affine di conoscere facilmente il principio, il mezo, ed il fine di ciascun passo; e sopra qual de' detti movimenti si trovi la cadenza, o battuta di quell'aria, che si vuole ballare, senza la qual notizia è impossibile il poterla ravvisare. Ed ho anche voluto, lasciate da parte le figure dimostrative, d'Uomini, e Donne, le quali non servono a nulla, se non a guarnire i libri, e
dar

dar diletto a' ragazzi, servirmi delli segni di Chorografia, o dell' Arte di scriver le Danze, ne' quali agevolmente si comprendono le positure, ed i movimenti di ciascun passo.

E finalmente questo mio libro potrà esser molto utile a tutti gli amadori di cotal arte, e di semplice solazzo a' buoni Maestri di Ballo. Quando adunque, savissimo Leggitore, ti sia a grado il voler imparare la Danza Nobile, piaciati leggerlo attentamente, e vivi felice.

ILLUSTRISS. E REVERENDISS. SIGNORE.

Felice Mosca supplicando espone a V.S. Illustriss., come disidera dare alle stampe un libro intitolato *Trattato del Ballo Nobile di Gio: Battista Dufort*, nel quale non si contiene alcuna cosa contro al costume. Che però ricorre da V.S. Illustriss., e la supplica concedergli la licenza, e l'averà ut Deus.

Dominus Canonicus Vanalesta revideat, & referat. Neap. 12. *Augusti* 1728.

D. ANTONIUS CANONICUS CASTELLI VICARIUS GENERALIS.

P. Petrus Marcus Giptius Canonicus Deputatus.

EMINENTISSIME DOMINE.

Juſſu Em. Tuae legi librum, cui titulus eſt: *Trattato del Ballo Nobile*, in quo Catholicae Fidei, aut Chriſtianae morum diſciplinae contrarium animadverti. Quapropter dignum cenſeo, ut Typis mandetur: dummodo Em. Tuae adcedat auctoritas. Datum Neapoli XII. Kal. Septembris, anno cIɔIɔccxxvIII.

Em. V.

Humill. ac Addictiſſ. Famulus
Dominicus Vanaleſta.

Attenta ſupradicta relatione, Imprimatur. Neap. 22. Auguſti 1728.

D. ANTONIUS CANONICUS CASTELLI
VICARIUS GENERALIS.

D. Petrus Marcus Giptius Canonicus
Deputatus.

ECCELLENTISSIMO SIGNORE.

Felice Mosca supplicando espone a V. Ecc., come disidera dare alle Sampe un libro intitolato: *Trattato del Pallo Nobile di Gio: Battista Dufort*. Che però ricorre da V. Ecc., e la supplica della licenza, tanto maggiormente, che il detto libro non contiene alcuna cosa pregiudiziale alla real giuridizione, e l'averà, ut Deus.

Mag. Doct. D. Dominicus Gentile videat, & in scriptis referat.

MAZZACCARA REG. PISACANE REG.
THOMASI REG. VENTURA REG.
CASTELLI REG.

Provisum per S. E. Neap. 19. *Julii* 1728.

Mastellonus.

EC-

ECCELLENTISSIMO SIGNORE.

PEr comando di V. Ecc. hò letto il libro, ò fia *Trattato del Ballo Nobile di Gio: Battifta Dufort*; e come che non hà rapporto alcuno colla Real Giurifdittione, può da quefto lato darfi alle ftampe fe l'Ecc.V. non giudicarà altramente. Napoli 22. Agofto 1728.
Di V.E.

Umiliſs. e Devotiſs. Servidore
Domenico Gentile.

Viſa relatione imprimatur, & in publicatione ſervetur Regia Pragm.

Mazzaccara Reg. Ulloa Reg.
Pisacane Reg. Ventura Reg.
Castelli Reg. Peyri Reg.

Proviſum per S.E. Neap. 27. Auguſti 1728.
Maftellonus.

INDICE DE' CAPITOLI.

Cap. I. *Del Ballo, e delle parti, che lo compongono.* pag. 1
Cap. II. *Delle Positure de' Piedi.* 4
Cap. III. *Dell' Equilibrio del Corpo.* 11
Cap. IV. *De' Movimenti del Corpo.* 16
Cap. V. *Della Cadenza.* 20
Cap. VI. *De' Passi del Ballo Nobile.* 25
Cap. VII. *Dichiarazione de' segni, che si trovano nelle Figure de Passi.* 29
Cap. VIII. *Del Passo Semplice, o Naturale.* 36
Cap. IX. *Del Passo Piegato, e Rialzato.* 38
Cap. X. *Della Pirola.* 39
Cap. XI. *Del Passo Saltante.* 44
Cap. XII. *Del Passo Gittato.* 46
Cap. XIII. *Del Passo Mezzo gittato.* 47

Cap. xiv. *Del Passo Mezzo tronco.* 48
Cap. xv. *Del Passo Tronco.* 50
Cap. xvi. *Del Passo Sfuggito.* 53
Cap. xvii. *Del Passo Scacciato.* 55
Cap. xviii. *Del Fioretto.* 57
Cap. xix. *Del Contrattempo.* 64
Cap. xx. *Del Mezzo contrattempo.* 66
Cap. xxi. *Del Passo di Rigodone.* 68
Cap. xxii. *Del Passo di Sissone.* 71
Cap. xxiii. *Del Passo Unito.* 74
Cap. xxiv. *Del Passo di Gagliarda.* 76
Cap. xxv. *Del Passo Grave.* 77
Cap. xxvi. *Del Passo Bilanciato.* 80
Cap. xxvii. *Del Passo Cadente.* 83
Cap. xxviii. *Della Sdrucciolata.* 86
Cap. xxix. *Del Passo Staccato.* 88
Cap. xxx. *Del Giro della Gamba, Battimento del Piede, e de' Movimenti del Ginocchio, da' Franzesi detto* Balonné. 90
Cap. xxxi. *Del Movimento delle Braccia.* 93
Cap. xxxii. *Della Riverenza.* 100
Cap. xxxiii. *Della Figura.* 105

CAP.XXXIV. *Avvertimenti generali a coloro, che vogliono perfettamente imprendere il Ballo Nobile.* 109

CAP.I. *Del Minuetto, e delle parti, che lo compongono.* 117
CAP.II. *Del Passo del Minuetto.* 121
CAP.III. *Del Movimento delle Braccia del Minuetto.* 130
CAP.IV. *Della Cadenza del Minuetto.* 133
CAP.V. *Della Figura del Minuetto.* 136
CAP.VI. *D'alcuni altri passi, ed ornamenti, co' quali si può rendere più leggiadro il Minuetto.* 143

Della Contradanza. 150
Delle Riverenze fuor della Danza. 156

TRAT-

TRATTATO
DEL
BALLO NOBILE.

CAPITOLO I.

Del Ballo, e delle parti, che lo compongono.

L Ballo è un'arte di muovere ordinatamente il corpo, affine di piacere agli spettatori.

Per acquistare una tal'arte fa di mestieri saper secondo la regola appoggiare i piedi sulla terra, equilibrare il cor-

TRATTATO

corpo, muoverlo a tempo con alcuni artifiziosi, e leggiadri paffi, accompagnarlo eziandio col regolato movimento delle braccia, ed ultimamente faper tutte quefte cofe adoperare fulle figure: nel che confifte il compimento dell'opera.

E per ordinatamente procedere alla fpofizione di tutte le parti del ballo nobile, cominciando dalle più femplici, ed alle più compofte, ed intralciate a parte a parte paffando; daremo principio al prefente trattato dalle pofiture de' piedi, acciochè ognun fappia in quanti modi fi poffano graziofamente, e con regola tenere appoggiati fulla terra, e fchifi tutte l'altre maniere fconce, e difordinate; le quali non poffono nella danza aver luogo. Secondariamente diremo dell'equilibrio, che dee tenere il corpo nel ballo: e faremo conofcere, quanto fia neceffario il faperlo ben porre in ufo. Nel terzo luogo, fituati i piedi fulla terra, ed il corpo in equilibrio, dimo-

DEL BALLO NOBILE.

mosterremo, come bisogni muoverlo: e additeremo tutti i movimenti, che mai si possono ballando fare, ed il sommo utile, che dalla lor notizia si può trarre. Innanzi poi di procedere a' passi, i quali da' movimenti vengon composti, diremo nel quarto luogo della cadenza, e de' tempi suoi, senza la cui intelligenza non si può nel ballo alcuno passo formare. Nel quinto luogo dichiareremo tutti i passi del ballo nobile, de quali ad uno ad uno, e partitamente trattando, mosterremo la positura, l'equilibrio, i movimenti, ed il valore: e queste cose non solamente si vedranno in iscritto, ma eziandio nelle figure, dalle quali i capitoli, che di tutto ciò trattano, vanno accompagnati, ed adorni. Appresso nel sesto luogo tratteremo del movimento delle braccia, il quale è anche una parte del ballo assai necessaria. E nel settimo luogo diremo della figura, ovvero del cammino, che far dee colui, che balla, su del quale voglionsi porre in atto tutte quelle cose, che si saranno ne' capitoli precedenti a quello della figura, dimostrate. Or da questa generale idea data della danza nobile, è da passare con debito ordine alla particolare dimostrazione delle quì sopra recate parti, che la compongono.

CAPITOLO II.

Delle positure de' piedi.

LE positure de' piedi, le quali, comunque fatte, sono infinite, si riducono nella danza al solo numero di dieci. Delle quali cinque anno uso così nel ballo nobile, che in quello da teatro, e s'appellano positure vere, o buone; e le restanti cinque nel solo ballo da teatro, le quali positure son dette false.

La vera, o buona positura consiste nel situare i piedi sulla terra secondo
una

DEL BALLO NOBILE.

una certa, e determinata misura in modo, che quelli tengano egualmente le lor punte rivolte in fuori.

La falsa positura per contrario consiste nel situare i piedi sulla terra, anche secondo una certa, e determinata misura, in modo, che amendune, o almeno una delle lor punte siano rivolte al di dentro.

Or essendo mio intendimento di trattare solamente della danza nobile, da parte la teatrica, e le di lei false positure lasciando; procedo innanzi alla dichiarazione delle cinque buone. Le quali perchè meglio si comprendano, l'esporremo sotto gli occhi nelle figure, che seguiranno: per la intelligenza delle quali, si deono prima d'ogn' altra cosa disciferare i pochi segni, che le compongono.

La figura ACBD rappresenta la presenza del corpo, i cui lati sono additati dalle lettere AB, la parte davanti da C, e la deretana da D.

La linea EF, la quale non si trove-

6 TRATTATO

rà solamente nelle figure delle positure de' piedi, ma anche di tutti i passi, mostra il principio del cammino, sul quale deono avviarsi i passi del ballo per incominciar la figura.

La figura GHI dinota il piede, di cui G mostra il tallone, H la noce, ed I la punta.

E la figura LM rappresenta i due piedi, de' quali M dinota il destro, ed L il sinistro. E per non incorrere in alcuno errore nel discernere un piede dall'altro, non si dee già regolare da' loro talloni, sì che giacendo questi a lato destro, s'abbia da estimare, che rappresentino il piè destro, ovvero giacendo a lato sinistro, s'abbia da credere, che dinotino il piè sinistro: ma sì è da prender re-

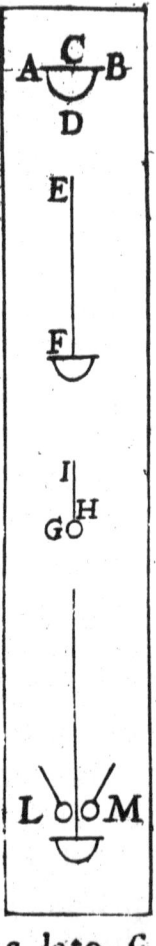

DEL BALLO NOBILE.

regola dalle lineette a' talloni appiccate, le quali dall'uno, o dall'altro lato, che guardino, mostrano costantissimamente l'uno, o l'altro piede, cioè il destro se a destra, ed il sinistro se a sinistra stanno rivolte. E nel vero se nella quinta positura, come innanzi ravviseremo, si volesse alcun regolare dalla giacitura de' talloni, e non già dalla guardatura delle suddette piccole linee, leggiermente potrebbe pigliare un per un' altro piede. Ritorniamo di presente alle positure de' piedi, donde ci dipartimmo.

La prima positura consiste nel tenere in tal modo i piedi appoggiati sulla terra, che i lor talloni si trovino egualmente l'uno all'altro congiunti, tenendosi, come è detto, i piedi rivolti al di fuori.

La seconda nel tenere i piedi aperti sopra una medesima linea, serbandosi tra' due talloni la distanza d'un piede intero.

TRATTATO

La terza nel tenere la parte deretana del tallone d'un piede alla noce dell'altro congiunta.

La quarta si fa situando i piedi uno innanzi l'altro sopra la medesima linea, serbando tra l'uno, e l'altro tallone la distanza d' un piede intero.

La quinta, ed ultima positura consiste nel tenere sì fattamente i piedi appoggiati sulla terra, che la parte deretana del tallone del piè, che si trova innanzi, vada direttamenª a formare quasi un angolo retto, sulla punta del piè, che rimane addietro.

Positura I.
Positura II
Positura III
Positura IV
Positura V

Or quì è da avvertire, che le addotte regole delle positure deˢ piedi allora anno il suo vigore, e si debbono osservare, qualora ambedue
i pie-

i piedi ſtanno appoggiati ſulla terra. Perciocchè quando un ſol piede vi ſi trova fermo: il che tratto tratto nel ballo accade, non v'ha altro obbligo a riſpetto dell'altro, il quale ſi trova in aria, che volendolo appoggiare, ſi mandi giù ſopra una delle dette poſiture, fuor delle quali non è lecito in niun modo di tenere i piedi nel ballo nobile. Ed avvegnachè alcuna volta ne' paſſi, che ſi fanno col movimento circolare, i piedi ſi trovino ſopra alcuna delle cinque falſe poſiture, le quali, come è detto, voglionſi ſolamente adoperare nella danza da teatro: tuttavia però, oltre che ciò naſce da pura neceſſità, e dalla naturalezza del circolar movimento i piedi non vi rimangono fermi e ſtabili: ma incontanente deono paſſare ſopra una delle buone poſiture. Per la qual coſa queſto neceſſario difetto viene a renderſi impercettibile.

Si vogliono oltre a ciò due altre coſe avvertire prima, che ſi conduca al

ter-

termine il presente capitolo. La prima si è, che bisogna bene addestrarsi a porre in opera le riferite positure de' piedi; le quali sì sono necessarie a chi è vago d'imprendere il ballo nobile, come le lettere dell'alfabeto a chi è disideroso di saper leggere; ovvero come le fondamenta abbisognano all'edifizio. La seconda si è, che si dee ognuno guardare d'esser troppo scrupuloso e sofistico intorno alla loro misura. Onde se peravventura adoperandole, non si serbasse una matematica esattezza (purchè non si venisse ad uscir fuori della linea, sopra cui si deono i piedi appoggiare) non si commetterebbe alcun fallo: tanto maggiormente, che chi balla, non ha ne' piedi, nè chi guarda nel visivo senso il compasso, per non incorrere, o per osservare gl'insensibili difetti, che mai possono intervenire. Perchè se nel situare i piedi su la seconda, o quarta positura un pocolin si sbagliasse della diterminata distanza d'un piede

DEL BALLO NOBILE.

de intero, il quale, come di sopra è detto, dee trovarsi frapposto tra l'uno e l'altro tallone, non sarebbe alcerto cosa da imputare ad errore. E la sperienza delle cose maestra, e regolatrice ci fa alle volte conoscere, che la disposizione, o natural costituzione dello scolare patir non potendo tutto il rigore delle suddette leggi, deesi egli dispensare da cotanta, e sì per lui malagevole esattezza. E però il giudicioso, e prudente Maestro dee badar bene sopra i naturali difetti, per potergli, se non già come si dovrebbe, almeno come potrà il meglio, correggere, **ed** ammendare.

CAPITOLO III.

Dell' Equilibrio del Corpo.

SPoste le posture de' piedi, le quali, come è detto, appartengono al ballo nobile, l'ordine impreso richiede, che

che dell'equilibrio del corpo si faccia nel presente luogo parola; per quindi procedere innanzi a' movimenti, ed a' passi, che dee fare.

L'equilibrio rispetto al ballo consiste nel tenere il corpo diritto, grazioso, ben disposto, e niente forzato oltra la sua naturalezza, in modo, che tutto il suo peso s'appoggi sopra le piante, ovvero sopra le punte de' piedi in quelle diverse maniere, che or ora farem vedere.

Si può il corpo equilibrare in sei modi tra lor differenti. Primieramente tenendolo appoggiato sopra amendune le piante de' piedi. Secondariamente sopra amendune le punte loro. Nel terzo modo sopra la pianta d'un piede, toccandosi colla punta dell'altro la piana terra. Appresso nel quarto modo si può tenere tutto il corpo appoggiato sopra la punta d'un solo piede, toccandosi la terra colla punta dell'altro. Nel quinto modo si può equilibrare tutto il corpo sopra la pian-

DEL BALLO NOBILE.

pianta d'un piede, senza che l'altro tocchi affatto la terra. E nel sesto ed ultimo modo sulla punta d'un piede, tenendosi l'altro in aria.

La notizia di questi equilibrj non serve già per andare investigando nella formazione de' passi, quante volte, ed in quanti modi il peso del corpo si vada trovando, or su questo, or su quell'altro equilibrio: Il che sarebbe un voler andare all'infinito, ed un voler più tosto filosofare, che ballare; anzi io porto fermissima opinione, che se colui, che balla, volesse andare disaminando gli equilibrj di ciascun passo, ponendo mente al peso del corpo, che or si trova sulle piante, ed or sulle punte de' piedi nelle sei maniere dette di sopra; non dico già in una misura, o tempo d'armonia, ma forse in cento non sarà per formare un solo passo. Ma sì solamente bisogna, per sapere, equilibrato che sarà il corpo in uno de' detti modi, da qual piede si deano i passi incominciare, e come si vogliano fini-

finire, per trovarsi il corpo in istato da poter formare i passi, che sieguono appresso. Sopra di che dar si possono due regole generali.

La prima si è, che equilibrato il corpo ne i due primi modi, cioè sopra le piante, o sopra le punte de' piedi, si possono indifferentemente i passi coll'uno, o coll'altro piè cominciare. La seconda, che equilibrato il corpo negli altri quattro modi, cioè sopra la pianta, ovvero sopra la punta d'un piede, toccandosi colla punta dell'altro la piana terra, ovvero tenendosi in aria; non si possono da quel piè cominciare i passi, sopra di cui si trova tutto il peso del corpo, fuor solamente i contratempi, ed i mezzi contratempi, come a suo luogo faremo aperto.

Sono finalmente da avvertire alcune cose intorno all'equilibrio, o portamento della Dama, e del Cavaliere rispetto alla danza nobile. La Dama adunque dee tenere la testa diritta, e la gorgia alquanto recata in fuori: il
guar-

DEL BALLO NOBILE.

guardo non alto, nè baffo, ma sì a mezz'aria: Le spalle baffe, e tirate in dietro, acciochè il petto comparifca ben largo: lo ftomaco avanzato, ed il ventre ritirato: i piedi in fuori: le braccia baffe fopra il mezzo di ciafcun lato non troppo aperte, nè troppo ferrate: le mani, coll'indice, e pollice delle quali deve ella tenere l'uno, e l'altro lato della vefta, voglionfi tenere colle piante non troppo rivolte innanzi, acciochè non apparifca troppo diftefa; nè molto rivolte in dietro per non comprimerla, e farla vedere troppo angufta: ma sì fono da tenere nel mezzo di quefti due modi. E fopra tutto avverta a far ciò con un'aria nobile, graziofa, facile, e naturale. Il Cavaliere tenga anche la tefta diritta: le fpalle baffe, ed alquanto ritirate in dietro: lo ftomaco un poco avanzato innanzi: il ventre niente recato in fuori, ma sì ritirato: i ginocchi diftefi in fuori: le gambe diritte, ed i piedi bene in fuori rivolti. E fopra tutto fi guardi

di

di parere affettato; schifi la forza; e prenda un'aria nobile, agevole, e naturale.

CAPITOLO IV.

De' Movimenti del Corpo.

IL movimento del corpo si è quel portarsi di colui, che balla o in giro sopra il suo propio luogo, o dal luogo, ove ei si trova, in un'altro.

I movimenti o sono semplici, ovvero composti. I semplici sono quelli, che s'adoperano tutti soli, e che non vanno uniti a più spezie di movimenti. I composti per contrario sono quelli, che vanno congiunti a più movimenti di spezie diversa. I movimenti semplici sono quattro, cioè piegato, rialzato, andante, e circolare. Il piegato si fa piegando i ginocchi. Il rialzato, rialzando, o distendendo i ginocchi. L'andante si fa camminando in nan-

DEL BALLO NOBILE. 17

nanzi, addietro, dall'uno, e dall'altro lato. Ed il circolare movendo il corpo in giro senza uscir del suo propio luogo. I composti, i quali costano di due, o al più di tre semplici movimenti congiunti in uno, ed i quali sono assai frequenti nel ballo, sono per esemplo: il piegar camminando un passo, il qual movimento è composto di due semplici, cioè del piegato, e dell'andante: il piegar girando sul medesimo luogo a man destra, o sinistra, il quale è parimente composto di due semplici, cioè del piegato, e del circolare: il camminare un passo girando, il quale anche costa di due semplici, cioè dell'andante, e del circolare: il piegar camminando, e girando, che è prodotto da tre semplici, cioè dal piegato, dall'andante, e dal circolare. Egli è inutile di recare in mezzo altri esempli de' movimenti composti; ed all'incontro non è da tacere, che qualora si adoperano dal corpo più movimenti congiunti in uno,

uno, non s'hanno da contare per più movimenti, ma per un solo.

S'avverta oltracciò, che a' salti, i quali si fanno ne i passi del ballo nobile, comeche per esser adoperati abbiano primieramente bisogno del piegamento de' ginocchi, non si dee attribuire altro movimento distinto del rialzato, sì perchè regolarmente dal medesimo distendimento de'ginocchi, nel quale, come è detto, consiste il movimento rialzato, e per cui le piante de' piedi calcano con empito la terra, vengono prodotti; e sì ancora, perciocchè ogni movimento del corpo al piegato contrario, qual'è il salto, deesi veracemente rialzato chiamare. Ed avvegnachè paja, che se non l'alzata,che fa in aria il salto,almeno la cascata di quello non possa col rialzato movimento confondere, o in un congiugnere, che dir vogliamo: essendo il levarsi in aria, ed il cader giù due movimenti tra loro contrarj, e che non possono insieme stare:tuttavia se si consi-

DEL BALLO NOBILE.

fidera, che il primo di eſſi fa del ſalto la principal parte, e che il ſecondo è un ſuo neceſſario finimento, cagionato non già dalla forza del ballatore, ma sì dalla natura; ſi potrà chiaramente comprendere, che la caſcata del ſalto non ſi dee nel ballo avere per movimento diverſo del rialzato. Tanto maggiormente, che dal paſſo ſaltante in fuori, il quale, come per innanzi nel ſuo particolar capitolo avvertiremo, non ha quaſi uſo alcuno nel ballo nobile, tutti gli altri ſalti ſi vogliono sì leggiermente fare, acciocchè il ſoſtenuto, e grave portamento della perſona non ſi ſcomponga; che ſi dee più toſto far ſembianti di ſaltare, che veramente levarſi in aria. E queſto ammonimento, il quale è aſſai utile a' Cavalieri, maſſimamente a coloro, che ſono troppo grandi della perſona, è necceſſariſſimo alle Dame, alle quali in niun modo è lecito ſaltare nel Ballo nobile.

Da' movimenti così ſemplici, che
com-

composti traggono tutti i passi del ballo, come da una sola cagione, l'origin loro. Perlaqualcosa si dee studiosamente riflettere sopra la loro natura, e differenza, affine di conoscere in un tratto di quanti, e quali movimenti sia ciascuno passo prodotto; e qual di essi si debba nel principio, qual nella fine de' passi trovare; e finalmente sopra qual de' detti movimenti si trovi la cadenza, o battuta dell'armonia di quell'aria, che si vuole ballare.

CAPITOLO V.

Della Cadenza.

DA' movimenti, come è detto, vengono prodotti tutti i passi del ballo nobile. I quali esser non dovendo dall'altrui talento, ma sì bene dall'armonia regolati; però secondo l'ordine, che nel principio prendemmo, seguita nel presente luogo a dire

DEL BALLO NOBILE.

dire della cadenza.

Manifesta cosa è adunque, che essendo la danza figliuola dell'armonia, alcuno non sappia, nè possa ballare, s'egli non conosce, e co' movimenti del corpo la cadenza di quella non siegue. E ciò è tanto vero, che quantunque alcuno abbia tutta l'agilità, speditezza, e grazia della persona, e che sappia formare tutti i passi; se peravventura non saprà adattargli alla misura dell'armonia, egli non saprà mai ballare.

Potrei quì fare un diffuso catalogo, ridicendo le varie maniere, ed i diversi tempi, co' quali l'armonia si misura, se il mio proponimento stato fosse d'insegnare altrui la musica: ma perciocchè ad altro è inteso il mio fine, cioè a trattare del ballo nobile; perciò parleremo di quelle sole misure, che cotal arte riguardano.

In tutta la danza adunque altre misure di tempi non hanno luogo, che la misura di due tempi detta binaria, e quella di tre tempi, ternaria volgarmente appellata. E tutte le altre misure, delle quali la musica abbonda, si possono di leggieri nel ballo a queste due misure di due, e di tre tempi ridurre. E se con tutto il rigore parlar volessimo, ci converrebbe dire, che non v'ha, nè vi può avere alcuna misura, la qual binaria, o ternaria non sia, perciocchè esser non potendo altrimente i numeri, che pari, o impari, tutte le misure dell'armonia deono essere di ragion dupla, ovvero tripla. Onde i Maestri di Musica non possono già mutare la sustanza delle ragioni, o misure dell'armonia, essendo elleno eterne, immutabili, e necessarie: ma sì possono variarne i modi, dividendole, e suddividendole a lor talento, senza però, ch'elle cessino di rimaner tuttavia duple, ovvero triple.

Il tempo binario s'adopera per lo più in quelle danze, che speditamente, e con prestezza deono esser ballate: come per esemplo la Giga, la Gavotta, la Burè, il Rigodone, l'Alamanda,

ed

DEL BALLO NOBILE. 23

ed altre simili. Il tempo ternario serve a quell'altre danze, le quali si vogliono posatamente, e con maggior gravità delle prime, ballare : come per esemplo la Sarabanda, la Ciaccona, la Follia, l'Amabile, ed altre simili. E comechè v'abbia delle danze, l'arie delle quali sono così posate, che sembrano più tarde di quelle, che sono sul tempo ternario composte, e le quali sono notate sopra quattro tempi, che i Musici dicono otto dodici, come per esemplo l'Entrata grave, e l'arie, che i Franzesi chiamano di *Lure*; tuttavia però queste medesime arie si riducono al tempo binario, sopra cui vengono ad esser ballate, senza che in niuna cosa si muti la posatezza, o gravità loro.

Abbiasi dunque per fermo, e per regola indubitata, che nel ballo altre misure di tempi non hanno luogo, che la binaria, e la ternaria, le quali, come è detto, a due, e tre si riducono; e che si deono o presto, o tardi, secondo il buon genio de' ballatori, efattiffimamente, e fenza fcemarne, o crefcerne un fol momento, fonare.

Ed ultimamente è da avvertire, che color, che vogliono in breve fpazio imparare il ballo, è di bifogno, che ottimamente fappiano la natura de' detti due tempi. Da quefto però non ne fiegue, che quei, che non ne hanno perfetta notizia, non poffano, come quegli altri, che gli hanno per le mani, ballare in cadenza: veggendofi tutto giorno efattiffimamente ballare alcune perfone, le quali la mufica, o le proprietà, e naturalezza de' detti due tempi non fanno; perciocchè facendofi loro per li buoni Maeftri intendere, che ogni paffo del ballo deefi fare nello fpazio d'un tempo, o mifura d'armonia, e dinotandofi loro fopra qual movimento de' paffi fi trovi la cadenza, o battuta della detta mifura; coll'efercizio continuo, e col tenerfi a mente le fole due fpiegate mifure del tempo binario, e ternario, impren-

DEL BALLO NOBILE. 25
prender potranno con ogni esattezza a ballare: ma sì ne viene in conseguenza, che in così brieve tempo, come coloro, che avranno di quelli una perfetta conoscenza, e che sapranno la musica, non impareranno a ballare. Ed all'incontro i Maestri di ballo hanno obbligo spezialissimo di saper tanto di musica, quanto basti loro per intendere compiutamente i detti due tempi; perciocchè altrimenti non potranno giammai far acquistare per via di pratica a' loro scolari, che non sanno di musica, quegli abiti, che si richieggono per ballare in cadenza.

CAPITOLO VI.
De' Passi del Ballo Nobile.

SI è dato finora sufficientemente ad intendere, in che modo si deano i piedi tenere appoggiati sulla terra: come fia da tenersi il corpo in
equi-

equilibrio: ed in che maniera bisogni muoverlo a tempo. Or non potendosi il corpo muovere, se non col formare que' passi, i quali si convengono far nel ballo; per seguire l'ordine impreso, si doverà de' passi in questo luogo far parola. E ciò farò io colla maggior chiarezza, che sia possibile, quantunque questa materia sia molto intralciata, e malagevole; e contuttochè alcuno non ce ne abbia infino ad ora dato in iscritto una chiara, e distinta idea.

I movimenti così semplici, che composti adoperati sopra le positure de' piedi, e gli equilibrj del corpo sono origine, principio, e cagione di tutti i passi del ballo nobile. I quali essendo moltissimi, se ne vuol parlare per innanzi partitamente ad uno ad uno. Siaci ora prima d'ogn'altra cosa lecito tutti i lor nomi qui riferire. I quali, per secondar la presente usanza, o costume, che dir vogliamo (giacchè ad alcuni amadori di cotal'arte per non dir tutti, s'odono nominar in

fran-

DEL BALLO NOBILE. 27

franzefe; ed all'incontro ad alcuni altri, i quali fono d'affai minor numero, in tofcano) così nell'uno, come nell'altro idioma faran per noi rapportati.

I Paſſi del Ballo Nobile ſono i ſeguenti.

Semplice, o Naturale.	*Simple, ou Naturel.*
Piegato, e Rialzato.	*Plié, & Relevé.*
Pirola.	*Pirouette.*
Saltante.	*Sauté.*
Gittato.	*Jetté.*
Mezzo Gittato.	*Demi-Jetté.*
Mezzo Tronco.	*Demi-Coupé.*
Tronco.	*Coupé.*
Sfuggito.	*Eschapé, ou Sailli.*
Scacciato.	*Chaſsé.*
Fioretto.	*De Bouréé, ou Fleuret.*

Con-

Contrattempo.	*Contretemps.*
Mezzo Contrattempo.	*Demi-Contretemps.*
Di Rigodone.	*De Rigaudon.*
Di Sissone.	*De Sissonne.*
Unito.	*Assemblé.*
Di Gagliarda.	*De Gagliarde.*
Grave.	*Grave, ou de Courante.*
Bilanciato.	*Balancé.*
Cadente.	*Tombé.*
La Sdrucciolata.	*Glissade.*
Staccato.	*Degagé.*

CAPITOLO VII.

Dichiarazione de' segni, che si trovano nelle Figure de' Passi.

Tutte le figure de' Passi, che seguiranno, essendo di tanti, e sì diversi segni composte, che mal si potrebbono, secondochè io estimo, comprendere, se prima la significazione di quelli non si sapesse; convenevole cosa è, che innanzi d'entrare a dire de' passi, i quali fanno di questo trattato la maggior parte, la sposizione de' detti segni si dea premettere. Ed avvegnachè, oltre di quelli, che noi qui recheremo, abbiavi alcuni altri pochi segni, i quali, a coloro, che vogliono saper porre in iscritto le danze, sono necessarj; tuttavia non trattando io della Corografia, ovvero dell'arte di
scri-

30 TRATTATO

fcriver le danze, ſtata già da altri ſufficientemente inſegnata, ma sì ſolamente dell'arte del Ballo; ho dovuto in queſto luogo rapportare quei ſoli ſegni, che ſono opportuni ad intendere le figure de' paſſi, che ſeguiranno.

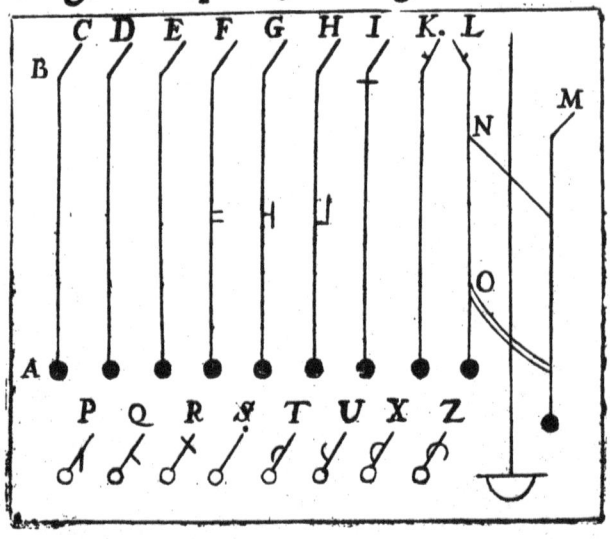

La figura ABC rappreſenta il paſſo, di cui A dinota il luogo, dove ſi trovava il piede prima di camminare: la linea AB il cammino fatto: e la linea BC il ſito del piede dopo d'aver camminato, del quale B rappreſenta il

ſito

DEL BALLO NOBILE. 31
sito del tallone, e C della punta del piede.

Il movimento piegato si descrive in due modi tra lor differenti. Primieramente con una piccola linèa appiccata al passo, in giù riguardante, come si vede nella figura D, ed in secondo luogo con una consimil linea aggiunta al piede, come P rappresenta.

Il movimento rialzato notasi parimente così sul passo, come dinota la lettera E, che sul piede, come Q, con una piccola linea all'uno, ed all'altro ad angoli retti congiunta.

Il salto è additato dal passo F, a cui sono due piccole linee l'una all'altra vicine aggiunte ad angoli retti.

Lo sdrucciolamento vien dinotato da due linee, la prima delle quali è ad angoli retti al passo attaccata, e la seconda ad angoli retti alla prima linea, e parallela al passo, come G rappresenta.

La cascata da due altre piccole linee vien dimostrata, la prima delle
qua-

quali è al paſſo unita ad angoli retti, e la ſeconda ad angoli retti ſulla punta della prima caſcante, parallela al paſſo, ed in ſù rivolta, come H fa vedere.

Il tenere il piè in aria ſi può in due guiſe ſignificare. In primo luogo troncandoſi con una piccola linea verſo la punta il paſſo, come dimoſtra I; ed in ſecondo luogo troncandoſi con una conſimil linea il piede anche verſo la punta, come R fa vedere.

Il punto meſſo davanti alla punta del piede del paſſo K dinota il dovere appoggiare il piè ſulla punta ſenza che il corpo vi ſia ſù portato. Ed il medeſimo dimoſtra il punto meſſo davanti ad un piede, come la lettera S rappreſenta.

Il movimento circolare adoperato nel luogo, ove ſi trova il corpo, notaſi ſopra i piedi con un mezzo quarto di circolo, quando ſi voglia moſtrare un mezzo quarto di giro, in quella guiſa che s'oſſerva nel piede T, con
un

DEL BALLO NOBILE.

un quarto di circolo, quando un quarto di giro s'ha a significare, come si vede nella lettera V: con un mezzo circolo, volendosi dimostrar mezzo giro, in quel modo, che mostra X: e finalmente con tre quarti di circolo, quando sono da notarsi tre quarti di giro, come Z ne dà a divedere. Quando però dinotar si volesse il movimento circolare andante, le porzioni di circolo andrebber messe, non già sulli piedi, ma sopra i passi.

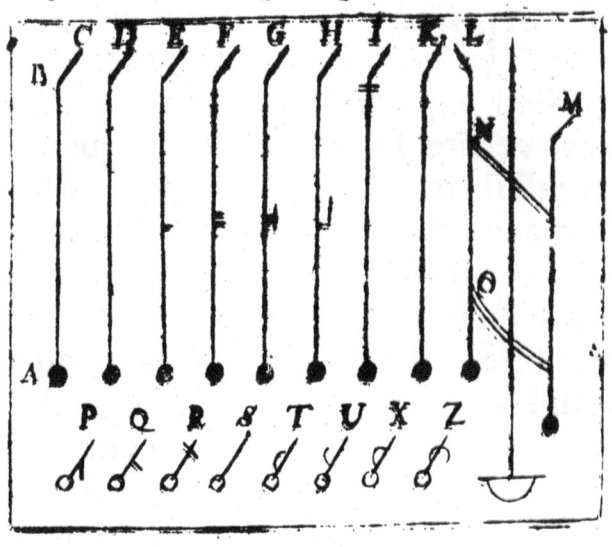

Due paſſi ſi congiungono inſieme con una linea all'uno ed all'altro attaccata, in quella maniera, che moſtra N, la quale alli paſſi L, ed M ſerve di legamento.

Ed ultimamente quando ſi vuol dinotare, che un paſſo deve andare due volte più veloce d'un'altro, ſi vogliono adoperare due linee in quella guiſa, che dinota la lettera O, per cui ſi dà ad intendere, che il paſſo congiunto, cioè L, debba andar due volte più veloce del paſſo M, che lo congiugne.

Per la compiuta intelligenza de ſuddetti ſegni due coſe mi rimangono ad avvertire. La prima ſi è, che quando eſſi ſi trovano notati ſopra i paſſi, dinotano, che ſi debbano i movimenti per loro dimoſtrati, adoperar camminando; ove quando vanno notati ſopra i piedi, vogliono dimoſtrare, doverſi i detti movimenti fare ſopra le poſiture. E la ſeconda ſi è, che ritrovandoſi due, o più de' detti ſegni coſì ſopra i paſſi, che ſopra i piedi notati,

DEL BALLO NOBILE.

tati, i primi movimenti, salti, sdrucciolamenti, e cascate, che s'hanno a fare, sono quelli, che stanno più prossimi al capo nero de' passi, ovvero al tallone de' piedi; e poi da mano in mano succedono i secondi, e quanti mai ve ne fussero dinotati; serbando spezialmente una regola intorno alli segni de' passi, che dove essi si troveranno notati, cioè nel principio, nel mezzo, o nella fine de' detti passi, in quel medesimo luogo, cioè nel principio, nel mezzo, o nella fine del cammino, deonsi i detti movimenti, salti, sdrucciolamenti, e cascate adoperare.

CAPITOLO VIII.

Del Passo Semplice, o Naturale.

Questo passo si chiama Semplice, o Naturale, perciocchè anzi vien formato per semplicità di natura, la quale insegna a tutti a camminare, che per sottigliezza d'umano pensamento, o per arte. Si può cominciare, e finire sopra ognuna delle cinque positure, e si può fare camminando avanti, addietro, a man destra, o sinistra, o veramente in giro. Costa d'un solo movimento, e s'adopera in tre differenti maniere. Primieramente facendo camminare naturalmente l'uno, o l'altro piede. Secondariamente levando il piè, che cammina in aria, col quale si descrive dal lato un mezzo cerchio prima d'appoggiarlo a terra. Ed in terzo luogo si fa
sdruc-

DEL BALLO NOBILE. 37

sdrucciolando col piede, il quale mentre cammina, dee leggiermente toccare colla punta la terra. Potrebbesi a questo passo attribuire un tempo, massimamente quando far si dovesse nel secondo, o nel terzo modo: ma radissime volte interviene, che se gli dia questo valore; perlaqualcosa serve per lo più nella danza di legamento d'uno in altro passo, o per meglio dire, di riempimento di misura. E si descrive nelle tre guise, che sieguono.

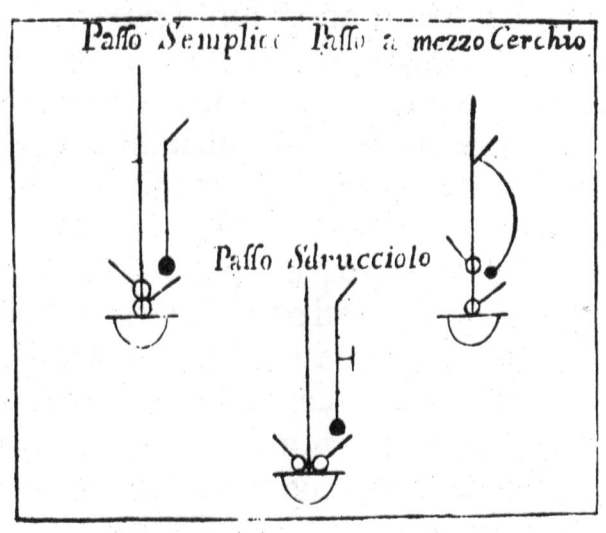

CAPITOLO IX.

Del Passo Piegato, e Rialzato.

IL passo Piegato, e Rialzato, il quale si può fare sopra tutte le positure de' piedi, costa di due semplici movimenti, cioè del piegato, e del rialzato, e s'adoperi in cotal modo: si spieghino primieramente amenduni i ginocchi, e poi si rialzino; ed appresso s'equilibri il corpo sopra un sol piede, e si tocchi colla punta dell'altro insensibilmente la terra, ovvero si levi in aria. I due movimenti piegato, e rialzato, che si trovano in questo passo, hanno il valore d'un tempo, la cui battuta si trova sul secondo movimento. Ed avvegnachè alcun de'piedi nõ cammini nel far questo passo: tuttavia, a' detti movimenti, che lo compongono, s'è messo nome di passo Piegato, e Rialzato: il quale,

DEL BALLO NOBILE. 39
le, perciocchè si adopera sul propio luogo, e senza che i piedi camminino, si descrive co' segni a' piedi congiunti, secondo le regole date di sopra, nel modo, che siegue.

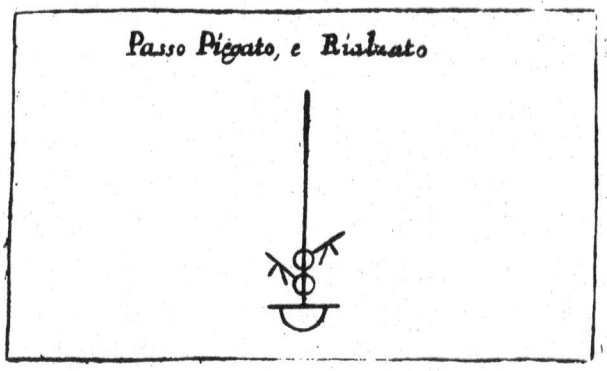

CAPITOLO X.

Della Pirola.

Dicemmo nel capitolo de' movimenti, che il movimento circolare far si possa in due differenti maniere, cioè girando sul propio corpo, e senza uscir del luogo, dove alcuno si trova, ovvero camminando in giro, cioè uscen-

uscendo fuor del luogo, ove si trova il corpo. Or la Pirola s'adopera quando si vuol girare nel primo modo; e per camminar girando vogliosi usare altri passi.

Il movimento circolare nell'una, e nell'altra maniera, che far si voglia, si partisce in due mezzi giri: in quattro quarti di giro: ed in otto mezzi quarti di giro. Si potrebbe anche suddividere in vie più piccole particelle: ma perochè ciò facendo, le parti del giro si renderebbero impercettibili; però nel ballo altre divisioni, che le quì recate, non hanno luogo.

Or ciò posto convien sapere, che si può la Pirola in due modi, cioè girando per la parte di dentro, e girando per quella di fuori, adoperare. De' quali è da parlarsi partitamente ad uno ad uno.

La Pirola girata per la parte di dentro si fa qualora ritrovandosi il piè destro davanti al sinistro, si gira il corpo per la sinistra: ovvero

ri-

DEL BALLO NOBILE. 41

ritrovandosi il piè sinistro davanti al destro, si gira il corpo per la destra. Questa Pirola si può fare di mezzo quarto di giro sulla terza, quarta, e talora sulla prima positura: d'un quarto di giro sempre sulla terza, o sulla quarta: e di mezzo giro, il quale non è da oltrapassare, per non porre i piedi sopra alcuna delle false positure, le quali, come è detto, non sono da usare nel ballo nobile, sulla quinta positura Sopra ognuna di queste positure si fa cotal Pirola piegando i ginocchi, girando in dentro, e distendendogli, o rialzandogli nella fine del mezzo quarto, o del quarto, ed ultimamente del mezzo giro. Perlaqualcosa ella racchiude due movimenti, cioè il piegato girando, ed il rialzato dopo l'aver piegato. Ed in qualunque modo, che far si voglia, cioè di mezzo quarto, d'un quarto, o di mezzo giro, vale un sol tempo, la cui battuta si trova sul secondo movimento, cioè sul rialzato.

On-

Onde un modo dall'altro nella maggiore, o minore velocità differisce, sì che la Pirola di mezzo giro dee farsi due volte più veloce di quella d'un quarto: e quella d'un quarto doppiamente veloce della Pirola di mezzo quarto, acciochè ella comunque fatta abbia d'un solo tempo il valore.

La Pirola girata per la parte di fuori si fa quando ritrovandosi il piè destro davanti al sinistro, si gira il corpo per la destra: ovvero qualora ritrovandosi il sinistro davanti al destro si gira il corpo per la sinistra. Si comincia sopra qualunque positura di piedi, e si faccia in questo modo: si pieghino i ginocchi, e si porti il piede dalla banda, che si dee girare, ed appoggiatolo a terra si rialzino i ginocchi, e si termini sulle punte de' piedi il giro, che si ha a fare. Contiene anche due movimenti, il primo de' quali si è il piegato, con cui unitamente si porta il piede dalla banda, che si dee girare, ed il secondo si è il rialzato,

DEL BALLO NOBILE. 43

to, con cui si termina il giro. Si può fare d'un mezzo quarto, d'un quarto, di mezzo giro, e di tre quarti di giro. Li quali non sono da oltrapassare, per non iscomporre la gravità, o serietà del corpo nel ballo nobile. Ed in qualunque modo, che far si voglia, non val più, che un tempo, la cui battuta si trova sul secondo movimento, cioè sul rialzato. Perlaqualcosa in altro la Pirola di tre quarti da quella di mezzo giro non differisce, fuor solamente in ciò che la prima si fa una volta e mezza più veloce della seconda: e quella di mezzo giro dee farsi due volte più veloce della Pirola d'un quarto: e quella d'un quarto doppiamente veloce della Pirola di mezzo quarto: accioch'elleno comunque adoperate siano in un sol tempo comprese. Avvertasi dunque bene in tutte le maniere di far le Pirole, che altra cosa è la velocità, con cui girar si deono i mezzi quarti, i quarti, i mezzi giri, ed i tre quarti di giro; ed altra cosa è la misura,

44 TRATTATO

ra, o tempo dell'armonia. E nel vero la misura è sempre la medesima: ma la velocità delle Pirole or dee essere maggiore, or minore, secondo quelle parti di giro, che s'hanno a fare, per andar bene a tempo.

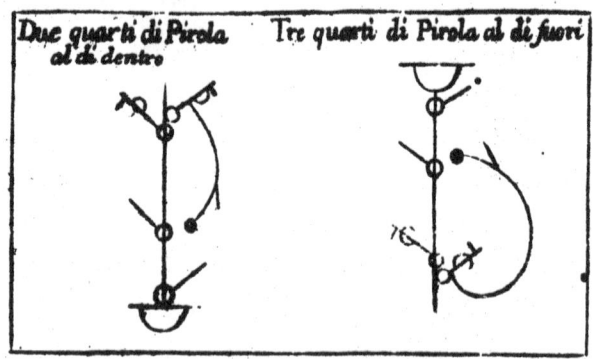

CAPITOLO XI.

Del Passo Saltante.

IL Passo Saltante, il qual di rado viene usato nel ballo nobile, si fa sopra tutte le positure de' piedi, da una in altra saltando. Contiene due movimenti, cioè il piegato, ed il rialzato

DEL BALLO NOBILE.

to col falto. E quantunque foglionfi impiegare due di quefti paffi per compiere un tempo: tuttavia la battuta fi trova fempre fulla cafcata del primo falto. L'efemplo fia quefto: fe fi vuol' egli fare dalla terza alla feconda pofitura, e dalla feconda alla terza, Equilibrato il corpo nel primo modo, fi pieghino i ginocchi, e si rialzino faltando, e cadasi giù fulla feconda positura. Quindi si ripieghino immediate i ginocchi, si rialzino rifaltando, e si ricada fulla terza positura con quel piede innanzi, che nel principio trovoffi addietro.

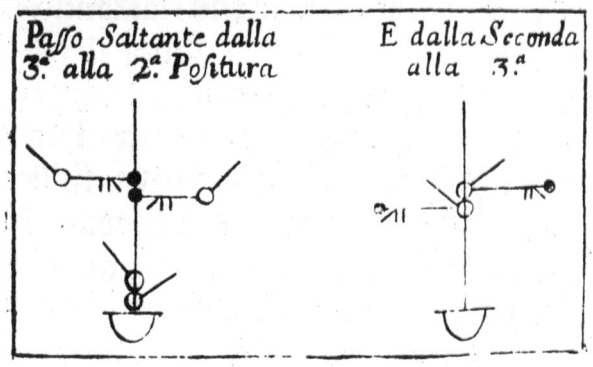

CA-

CAPITOLO XII.

Del Passo Gittato.

Cominciasi questo passo indifferentemente dall'uno, o dall'altro piede sopra qualunque positura. E' composto di due movimenti, il primo de' quali si è il piegato, ed il secondo il rialzato andante col salto. Per esemplo: se alcuno lo voglia fare dalla quarta alla medesima positura col piè destro dietro al sinistro, è di bisogno, ch'e' pieghi i ginocchi, e che rialzandogli salti innanzi, e cada sopra il piè destro alla quarta positura. E come che il suo valore sia veramente d'un tempo, la cui battuta si trova sulla cascata del salto: nulla però dimeno è solito farsi due di questi passi, massimamente quando alcun se ne serva nella misura a due tempi; nel qual caso la battuta anche si trova sulla casca-

DEL BALLO NOBILE. 47

scata del primo Gittato, ed il secondo serve di legamento al passo, che deve appresso succedere. Quando però si voglia impiegare un sol passo Gittato per compiere una misura, bisognerà fermarvisi, e servirsi di qualche bello, e grazioso atteggiamento per finattanto, che giunga il punto dell' altra misura, per procedere a' passi, che sieguono appresso.

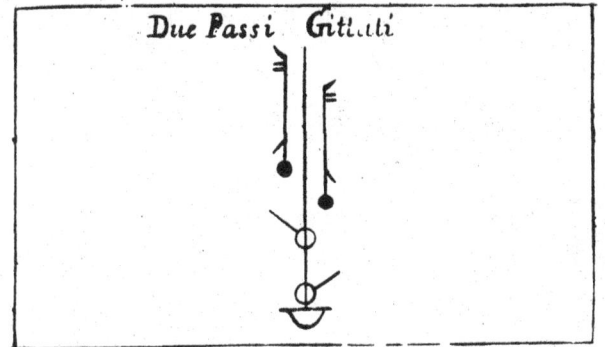

CAPITOLO XIII.
Del Passo Mezzo Gittato.

L'Uso di questo passo è assai frequente nel ballo nobile: ed avvevegnachè rade volte nel principio: tuttavia si trova spessissimo nella fine di molti passi. In niuna cosa dal precedente intorno alla positura, equilibrio, movimenti, e misura, è diverso. E la lor principale differenza consiste nell'operare i movimenti del passo Mezzo Gittato per metà, e più soavemente di quelli del passo Gittato.

CAPITOLO XIV.

Del Passo Mezzo Tronco.

SI può cominciar questo passo dall'uno, o dall'altro piede sopra qualunque positura o si voglia andare innanzi, o addietro, o a destra, o a sinistra, od ultimamente in giro, secondochè la danza, la qual si balla, richiede. Due movimenti son contenuti in questo passo: il primo è il piegato camminando, ed il secondo il rialzato, poichè camminato

DEL BALLO NOBILE.

to sì sia. Vale egli una misura, la qual si trova sul secondo movimento. L'esemplo sia questo: volendosi col piè destro far questo passo per innanzi dalla quarta alla medesima positura, si trovi dietro al sinistro: sul quale equilibrato il corpo, deonsi piegare i ginocchi, facendo nel medesimo tempo passare il piè destro innanzi alla quarta positura: ed appresso rialzandogli, conviene equilibrare il corpo sul destro piede, e levar di terra il sinistro, se la danza, che si balla, il domanda; altrimente è da equilibrarsi sopra quel piede, il quale a partire non dovrà essere il primo, toccandosi il suolo colla punta dell'altro piede, acciocchè si trovi a' passi, che sieguono, libero e disbrigato. Questo passo Mezzo tronco, sì perchè da sè solo ha grandissimo uso nella danza, e sì ancora perciocchè entra nella formazione di molti passi, cioè del Tronco, del Fioretto, del Bilanciato, e della Sdrucciolata, come per innanzi,

D   di

50 TRATTATO
di lor trattando, farem vedere, vien ad essere un de' principali passi del ballo nobile, il qual descrive in questo modo.

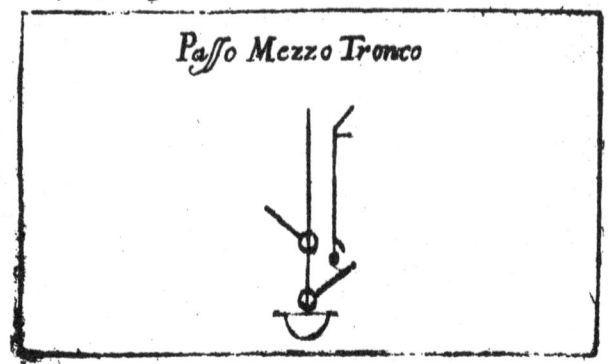
Passo Mezzo Tronco

CAPITOLO XV.
Del Passo Tronco.

Questo passo è composto d' un Mezzo tronco congiunto ad un passo Naturale comunque fatto, cioè o del tutto semplice, o accompagnato dallo sdrucciolamento del piede, ovvero dal mezzo cerchio: le quali tre maniere di fare il detto passo sufficientemente nel capitolo del passo Semplice, o Naturale furon per noi

DEL BALLO NOBILE.

noi rendute aperte. Perlaqualcosa contiene egli tre movimenti, il primo de' quali si è il piegato camminando, il secondo il rialzato dopo d'essersi camminato, ed il terzo si è l'andante. Si può fare sopra tutte le positure, e per ove si voglia, cioè andandosi innanzi, addietro, a man destra, o sinistra, o finalmente in giro. Per esemplo, se far si volesse per innanzi dalla terza alla quarta positura, partendosi col piè dritto, converrebbe, equilibrato primieramente il corpo sul piè sinistro, col destro addietro sulla punta, piegare i ginocchi, facendo nel medesimo tempo passare innanzi il piè destro alla quarta positura; quindi sarebbe da rialzarsi, e da equilibrarsi sopra lo stesso piè dritto, ed alzatosi di terra il sinistro, far si vorrebbe un passo Naturale alla quarta positura in una delle tre dette maniere. Nè solamente può terminarsi il passo Tronco con un passo Naturale, ma anche col battimento di piede, de: il quale come si debba adoperare, appresso nel suo capitolo mostreremo. Ha egli il valore d'un tempo, la cui battuta si trova sul secondo movimento.

Avvi eziandio un' altro modo di far questo passo, che volgarmente passo Tronco a due tempi vien detto. E' anche composto di due passi, cioè d'un Mezzo tronco, e d'un Mezzo gittato. In alcuna cosa dal precedente, salvo ne' movimenti non differisce, perciocchè, ove quello ne ha tre, questo ne contien quattro, cioè due del Mezzo tronco, ed altri due del Mezzo gittato. E senza distesamente recarne altro esemplo, basterà di sapere, che quando colui, che balla si sarà alzato, ed inalberato sul piè destro, uopo è che senza indugio ei levi in aria il sinistro allato al destro, e ripiegati alquanto i ginocchi, col medesimo piè sinistro convien, che faccia un Mezzo gittato dalla banda dinanzi alla quarta positura. Se gli attribuisce anche un tem-

DEL BALLO NOBILE. 53
tempo, la cui battuta si trova parimente sul movimento rialzato del passo Mezzo tronco: e si descrive nelle seguenti maniere.

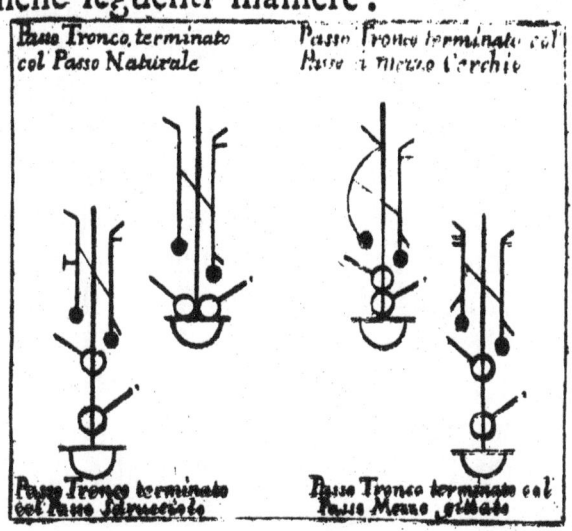

CAPITOLO XVI.

Del Passo Sfuggito.

IL passo Sfuggito, non altrimente, che il Saltante sposto di sopra, co-
me-

mechè sia annoverato tra' passi del ballo nobile, pur tuttavia non è da farsene conto, ma sì è da schifarsi, spezialmente nelle danze composte, ove si dee ognun guardare di far entrare que' passi, che di leggieri possono il grave, e sostenuto portamento della Dama scomporre. In alcuna cosa dal Saltante, fuorchè ne' movimenti, non differisce. E nel vero ove, i movimenti di quello sono il piegato, ed il rialzato col salto, i movimenti di questo sono il rialzato sulle punte, e l'andante. Per fare adunque il passo Sfuggito dalla prima alla seconda, e dalla seconda alla terza positura, si vuole equilibrare il corpo sopra amenduni i piedi, e succedevolmente, senza piegare i ginocchi, vuolsi levare sopra le punte loro, ed incontanente deono i piedi sdrucciolando scappare, e scorrere alla seconda positura. E nello stesso momento, che sopra d'essa si giugne, bisogna levarsi nuovamente sulle punte,

DEL BALLO NOBILE. 55
te, e ritornar nel medesimo modo sulla terza positura.

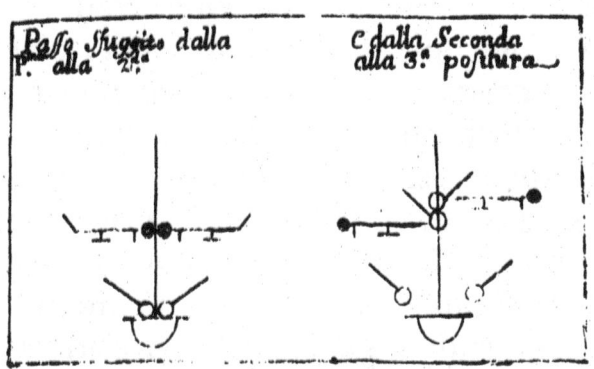

CAPITOLO XVII.

Del Passo Scacciato.

Questo passo si chiama Scacciato, perciocchè in esso un de' piedi percotendo l'altro, lo scaccia via, e gli fa fare un passo Naturale. Quantunque adoperar si possa per innanzi, addietro, dall'uno, e dall'altro lato, ed ultimamente in giro: tuttavia nelle composizioni de' buoni Maestri di danze, non si vede egli usaufato, che dallato, ovvero addietro; riufcendo invero l'altre guife molto fconce, e niente alla vifta gradevoli. Due fole pofiture di piedi, cioè la feconda, e la quarta gli poſſono fervir di cominciamento, non facendofi quefto d'ordinario, falvochè addietro, ovvero dallato. Contiene tre movimenti, cioè il piegato, il rialzato, e l'andante, e s'adopera in quefto modo. Volendofi, per efemplo, fare addietro fopra la quarta pofitura col piè finiftro davanti al deftro: equilibrato primieramente il corpo fopra amendune le piante de' piedi, fi pieghino i ginocchi, ed appreſſo rialzandogli è da faltare col piè finiftro, il quale leggiermente venga addietro a percuotere col tallone nella noce del piè deftro, facendogli fare un paſſo Semplice alla quarta pofitura. Il medefimo s'adoperi nel paſſo Scacciato fatto dallato. Fannofi ordinariamente due di quefti paſſi per compiere una mifura di tempo, la cui

bat-

DEL BALLO NOBILE. 57
battuta si trova sul secondo movimento, cioè sul rialzato del primo Scacciato: e si descrive nelle guise, che sieguono.

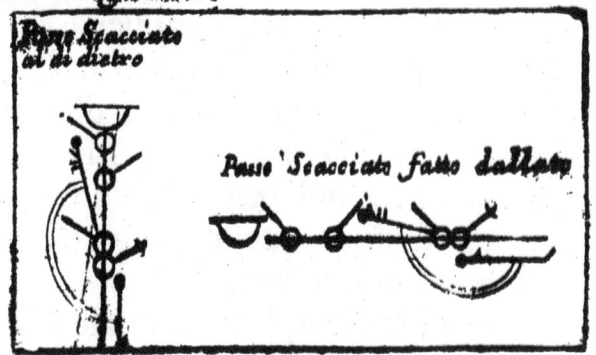

CAPITOLO XVIII.

Del Fioretto.

IL passo detto Fioretto è sì necessario nel ballo nobile, che non si può comporre alcuna danza senza di esso, ove il Fioretto solo può formare una danza intera. E perciò è da porre ogni studio, e sollicitudine, acciocchè di questo si dia una com-

compiuta, e diſtinta dichiarazione.

Da' tre differenti modi, co i quali ſi fa queſto paſſo, ha egli ricevuto tre diverſe dinominazioni, le quali ſono queſte: Fioretto Semplice: Fioretto in Iſcacciato, e Fioretto in Gittato. Sono non pertanto tra di loro in ogn'altra coſa differenti, fuor ne' movimenti, e nel tempo, come ad uno ad uno in queſto luogo di lor trattando, farem vedere.

Il Fioretto Semplice, il quale è più degli altri due uſato, e neceſſario nel ballo nobile, ſi può fare ſopra tutte le poſiture de' piedi in diverſi modi, e ſopra differenti figure: ma ſempre co' medeſimi movimenti, e miſure di tempo. Quattro movimenti ſono in queſto paſſo compreſi: il primo de' quali ſi è il piegato camminando, il ſecondo il rialzato, il terzo, ed il quarto ſono due movimenti andanti in due ſemplici paſſi. Vale una miſura, la cui battuta ſi trova ſul ſecondo movimento, cioè ſul rialzato. Il ſuo eſemplo

DEL BALLO NOBILE.

plo sia questo. Volendosi fare il Fioretto innanzi dalla terza alla quarta positura cominciandosi col piè dritto, s'equilibri il corpo sul piè sinistro, tenendosi il piè destro addietro sulla punta. Si pieghino appresso i ginocchi, mandandosi nel medesimo tempo il piè destro innanzi alla quarta positura: quindi si rialzino, e si facciano due passi Semplici, il primo de' quali col piè sinistro, ed il secondo col destro, amenduni alla quarta positura. Se bisognasse far un'altro Fioretto, a questo già dichiarato, congiunto, si converrebbe incominciare col piè sinistro. Ed ultimamente è da avvertire, che se nel luogo del secondo passo Naturale sostituir si volesse un leggierissimo Mezzo gittato, sarebbe invero per riuscire assai più dilettevole per vaghezza.

Il Fioretto in Iscacciato si fa in assai meno modi, che il precedente, e se gli può veramente dar questo nome, quando si va solamente innanzi,

o ad-

60 TRATTATO
o addietro; perciocchè così nell'uno, che nell' altro modo adoperato un piede va a percuotere, ed a fcacciar l'altro. E nel vero volendolo fare innanzi; poichè fi farà rialzato il primo paffo, che s'era camminando piegato; il piede, che adopera il fecondo paffo, va ad urtare colla noce dietro al tallone dell' altro, facendogli fare il terzo paffo. E volendofi fare addietro, dopochè fi farà, piegando i ginocchi, camminato addietro il primo paffo, e dopochè fi farà rialzato; il piè, che fi trova innanzi, faccia il fuo paffo Naturale, e vada a percuotere col tallone nella noce del piè, che fi trova addietro, e gli faccia fare il terzo paffo, che viene ad effere il fecondo Naturale. Ed il Fioretto in quefti due modi fi può fare fopra tutte le pofiture de' piedi. Ma qualora il Fioretto fi vuol fare dallato, ovvero in giro, nel qual cafo deefi cominciare dalla feconda pofitura, non fi conviene, propiamente parlando,

dire

DEL BALLO NOBILE. 61

dire Fioretto in Iscacciato, perciocchè nell'uno, nè nell'altro modo un piè non urta, nè scaccia l'altro, e più tosto viene ad essere un Fioretto in passo Sfuggito. Per esemplo, se si vuol fare dal lato dritto; messi i piedi, come è detto, sulla seconda positura, ed equilibrato il corpo sopra amenduni i piedi; si vogliono piegare i ginocchi più soavemente, che negli altri Fioretti, e nel tempo, che si rialzano, è di bisogno far passare il piè manco per dietro al dritto alla terza positura: e nel momento, che il piè manco tocca la terra, senza alcuno indugio far si convengono due passi Semplici dal lato dritto, il primo de' quali si faccia col piè destro alla seconda positura, ed il secondo col piè sinistro per innanzi al dritto alla terza positura. Se si volesse far un'altro Fioretto per lo medesimo lato, ovvero girando per esso, subito terminato il terzo passo; sarebbe di bisogno portare il piè dritto dallato alla

feseconda positura, ed appresso fare il Fioretto in quella maniera, che si vorrebbe. Ed in questo caso il Fioretto sarebbe di quattro passi composto, e di cinque movimenti, i quali velocemente esser dovrebbono adoperati, affine di chiudergli in una sola misura di tempo. Ma comechè questo Fioretto di quattro passi siasi per me veduto usare ad alcune persone, tuttavia però io porto fermissima opinione, ch'egli non sia in alcun modo da usare nel ballo nobile.

Il Fioretto in Gittato è assai più laudevole, grazioso, e ben fatto, che non è il precedente. E' composto d'un Mezzo gittato, e di due Semplici passi. Cominciasi sopra tutte le positure de' piedi. Per esemplo volendol fare a lato sinistro con trovarsi i piedi sulla seconda positura, s'equilibri il corpo sopra il piè manco, toccandosi la terra colla punta dell altro piede, col quale si faccia un Mezzo

DEL BALLO NOBILE. 63

zo gittato a siniſtra ſopra la quinta poſitura: ed appreſſo ſi facciano due paſſi Semplici dal medeſimo lato siniſtro, cioè il primo col piè siniſtro alla ſeconda poſitura, ed il ſecondo col deſtro per innanzi al siniſtro alla quinta poſitura: ed il corpo rimanga equilibrato ſopra quel piede, che a partire non dovrà eſſere il primo. La battuta di queſto paſſo ſi trova ſulla caſcata del Mezzo gittato.

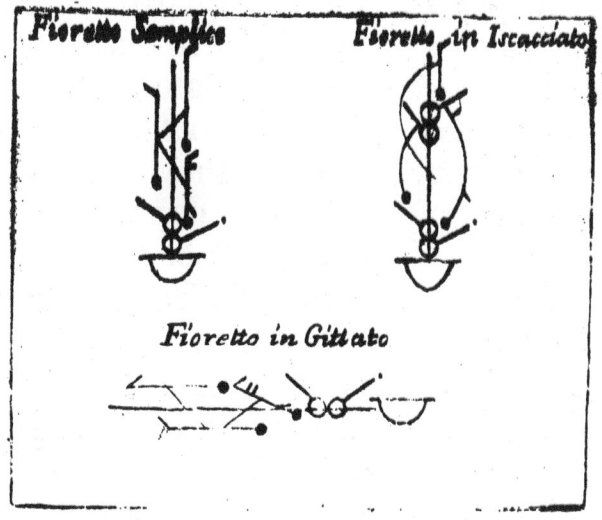

CA-

CAPITOLO XIX.

Del Contrattempo.

ADoperafi il Contrattempo dall'uno, o dall'altro piede fopra ogni altra pofitura di piedi, che sulla prima. In qualunque modo, e fopra qualunque figura, che s'adoperi quefto paffo, contiene quattro movimenti: il primo de' quali si è il piegato, il fecondo il rialzato col falto, il terzo, ed il quarto fono due femplici movimenti andanti. La mifura di effo fi trova a punto fulla cafcata del falto, cioè nel fine del fecondo movimento. L'efemplo del Contrattempo fia quefto: volendofi fare innanzi dalla terza alla quarta pofitura col piè dritto dietro al finiftro, fi vuole equilibrare il corpo fopra il finiftro, tenendofi il deftro fulla punta: ed appreffo fi pieghino i ginoc-

DEL BALLO NOBILE.

nocchi, e si rialzino saltando, e si cada sopra il piè manco, levandosi il dritto in aria: e succedevolmente si facciano innanzi due passi Semplici, cioè il primo col piè dritto, ed il secondo col sinistro, amenduni alla quarta positura. E se si vuol fare il Contrattempo dal lato dritto sulla seconda positura; convien piegare i ginocchi, e rialzandogli saltare, e cadere sopra il piè destro, levando di terra il sinistro, la cui gamba si tenga distesa allato al piè destro: ed appresso si vogliono fare due passi Semplici, il primo de' quali col piè manco per sopra al dritto alla quinta positura, ed il secondo col piè destro alla seconda positura. Il Contrattempo, ed il Mezzo contrattempo, che qui appresso dichiareremo, sono que' passi, ne' quali, come per addietro dicemmo nel capitolo de' Movimenti, si debbono i salti sì leggiermente fare, acciocchè il grave, e sostenuto portamento della persona non si scomponga, ga, che deesi più tosto far sembianti di saltare, che veramente levarsi in aria.

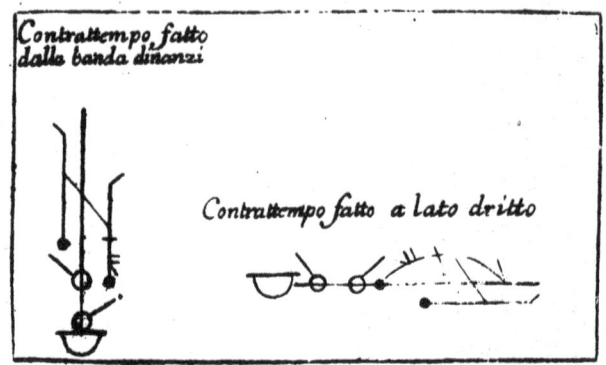

CAPITOLO XX.
Del Mezzo contrattempo.

IL Mezzo contrattempo si può fare coll'uno, o coll'altro piede sopra tutte le cinque positure: ed avvegnachè s'adoperi in due differenti maniere; tuttavia ritiene sempre lo stesso nome. Contiene or due, ed or tre movimenti, secondochè viene messo in opera: perciocchè o si vorrà fare nel primo modo, cioè piegando i ginocchi, rialzandogli saltando, e
ca-

DEL BALLO NOBILE. 67

cadendo sopra un piede, tenendosi l'altro levato in aria; ed in questo caso conterrà due movimenti, cioè il piegato, ed il rialzato: o si vorrà fare nel secondo modo, cioè piegando i ginocchi, rialzandogli saltando, e cadendo sopra un sol piede, ed ultimamente facendo un passo Semplice col piè, che rimane in aria; ed avrà tre movimenti, cioè il piegato, il rialzato, e l'andante. La battuta del suo tempo si trova sulla cascata del salto, ove termina il secondo movimento. L'esemplo del Mezzo contrattempo a due movimenti sia questo: se si vuol fare sulla terza positura tenendo addietro il piè dritto, conviene primieramente equilibrare il corpo sul piè sinistro, col destro sulla punta: ed appresso si vogliono piegare i ginocchi, e rialzandogli saltare, e cadere sopra il piè manco, levando il piè destro in aria. E l'esemplo del Mezzo contrattempo a tre movimenti col tenersi i piedi sulla medesima positura,

e modo,

68 **TRATTATO**

e modo, che s'è detto del precedente, sia quest'altro: s'equilibri in prima il corpo sopra il piè manco tenendosi addietro il dritto sulla punta; e quindi si pieghino i ginocchi, e si rialzino saltando, e cadendo sopra il piè sinistro, e col destro, il quale si trova in aria, si faccia un passo Semplice sopra quella positura, che la composizion della danza richiede.

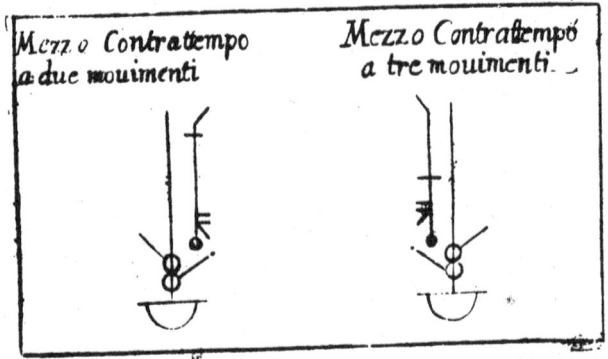

CAPITOLO XXI.
Del Passo di Rigodone.

Questo passo è composto d'un Contrattempo, e d'un passo Saltan-

DEL BALLO NOBILE. 69
tante cafcato fopra amenduni i piedi. Egli non si può far camminando innanzi, o addietro, a man deftra, o siniftra, ma sì ful medesimo luogo, ove il corpo si trova, da cui non si deé ufcir fuori. Si può anche adoperare, ma molto di rado, in giro, cioè girando un quarto, due quarti, e per fino ad un giro intero, siccome m'è venuto in acconcio d'offervare in diverfe danze, e fpezialmente nella Melania di Balon l'anno mille fettecento tredici compofta. Effendo effo compofto de' due detti paffi, viene a contenere fei movimenti, cioè quattro del Contrattempo, e due del pafso Saltante, siccome ne' lor capitoli fu dimoftro; e per la fteffa ragione racchiude due tempi, la battuta del primo de' quali si trova fulla cafcata del Contrattempo, e la battuta del fecondo fulla cafcata del falto a due piedi. Adoperasi d'ordinario nel tempo binario: e chi vuol fapere la maniera, colla quale si

pone in ufo, ponga mente a quefto efemplo. Situati i piedi fulla prima positura; ed il corpo nel primo equilibrio, il qual, come dicemmo, confifte nel tenere il fuo pefo fopra amendune le piante de piedi, convien piegare i ginocchi, e rialzandogli faltare, e cadere fopra il piè dritto, levando dallato in aria il finiftro, il qual poi è da riporre a terra fulla prima positura, ed incontanente levato il piè dritto anche dal fuo lato in aria, fi riponga nello fteffo modo fulla medefima positura; e quefto si è il Contrattempo. Quindi bifogna ripiegare i ginocchi, e rialzandogli faltare, e cadere co' piedi parimente fulla prima positura: e quefto è il paffo Saltante, ove termina il paffo di Rigodone.

E finalmente si vuole avvertire, che al fine del detto paffo è di bifogno, che vada congiunto un paffo Staccato, il quale, come a fuo luogo farem vedere, non confifte in altro, che in islontanare, e ftaccare un piede dal-

DEL BALLO NOBILE.

dall'altro per mandarlo giù a quella positura, donde il susseguente passo convien, che parta: purchè però partir non debba dalla prima positura, dove si diè termine al passo di Rigodone.

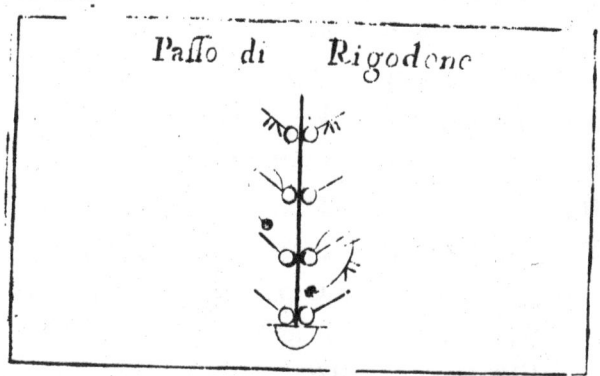
Passo di Rigodone

CAPITOLO XXII.
Del Passo di Sissone.

IL Passo di Sissone, il quale o si fa sul propio luogo, ove si trova il corpo, ovvero camminando avanti, addietro, ed in giro, si può cominciare sopra quattro positure di piedi, cioè sulla seconda, terza, quarta, e quinta ta, delle quali la feconda abbifogna folamente per girare dall'uno, o dall'altro lato. E' compofto di quattro movimenti, de' quali il primo è un leggieriffimo piegato, il fecondo un foave rialzato col falto d'un piede cafcato fopra amenduni fulla quinta positura, il terzo si è un'altro piegato ben baffo, il qual si trova fempre fulla quinta positura, ed il quarto, ed ultimo si è un'altro rialzato col falto cafcato fopra un fol piede. Per efemplo volendolo fare innanzi, e cominciarlo, e finirlo col piè diritto, equilibrato in prima il corpo ful piè siniftro col deftro addietro fulla punta, si pieghino alquanto i ginocchi, e rialzandogli si faccia un leggieriffimo falto col medesimo piè siniftro, mandando il piè deftro innanzi, e facendogli fare dallato nel medesimo tempo del falto un mezzo cerchio in aria, acciocchè ambedue i piedi cadano nello fteffo punto fulla quinta positura. Dopodichè si vogliono immediatamen-

DEL BALLO NOBILE. 73

mente ben piegare i ginocchi, e rialzandogli si rifalti, e sì ricada fopra il piè dritto, tenendo il siniftro in aria addietro, ovvero allato al deftro, ed i ginocchi ben diftesi.

Vale quefto paffo un tempo, la cui battuta, fenz'altro efemplo, si trova per la fomma agilità, e fpeditezza de i due primi, ful terzo movimento, cioè ful fecondo piegato, dove fa di meftieri fermarfi tanto, quanto bifogni di tempo da poter compiere col diftendimento de' ginocchi, e col fecondo falto, e cafcata, la mifura di quefto paffo,

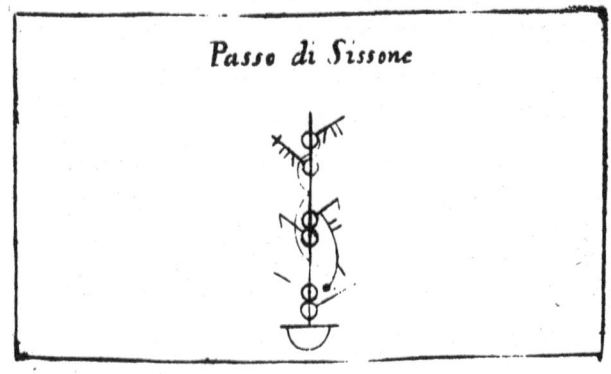

Passo di Sissone

CAPITOLO XXIII.

Del Paſſo Unito.

IL paſſo Unito dall'uno, o dall'altro piede per lo più ſi comincia ſopra la terza, quarta, e quinta poſitura, e d'ordinario ſi termina ſulla prima, ed alcuna volta ſulla terza. E' compoſto di due movimenti, il primo de' quali ſi è il piegato, ed il ſecondo il rialzato andante ſaltando con un piede, e cadendo ſopra amenduni. La ſua miſura ſi trova ſulla caſcata del ſalto, dove termina il ſecondo movimento, ed ove ſi fa l'unione di queſto paſſo. L'eſemplo ſia queſto: volendolo fare dalla quarta poſitura alla prima col piè dritto innanzi al ſiniſtro, s'equilibri il corpo ſopra il piè deſtro, ed appreſſo ſi pieghino i ginocchi, e mentrechè ſi rialzano, ſaltiſi col piè dritto, ed il ſi-
ni-

DEL BALLO NOBILE.

niftro si mandi innanzi descrivendo dallato un mezzo cerchio, e nella cascata del salto cadano amenduni nello stesso punto sulla prima positura.

Ordinariamente alla fine di questo passo va congiunto un passo Staccato, per poter prendere del seguente passo la positura, purche egli da quella, dove l'Unito passo finisce, non debba cominciare, perciocchè in tal caso il passo Staccato non servirebbe a nulla.

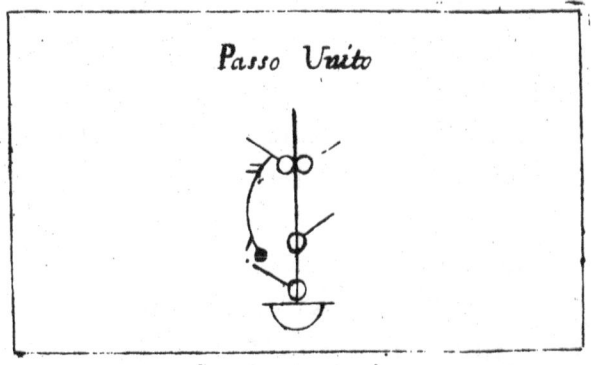

CA-

CAPITOLO XXIV.

Del Paſſo di Gagliarda.

COminciaſi queſto paſſo dall'uno, o dall'altro piede ſopra la terza, quarta, e quinta poſitura, e ſi termina ſulla ſeconda. E' compoſto d'un paſſo Unito alla prima poſitura, e d'un'altro paſſo Naturale alla ſeconda. Perlaqualcoſa è ſuperfluo di recarne altro eſemplo, potendoſi oſſervare quello, che s'è addotto nel capitolo precedente, a cui è da aggiugnere un ſolo paſſo Naturale fatto dallato alla ſeconda poſitura da quel medeſimo piede, con cui ſarà per fare l'unione del detto paſſo. Onde il paſſo di Gagliarda viene a contenere tre movimenti, cioè il piegato, ed il rialzato ſaltando con un piede, e cadendo ſopra amenduni del paſſo
Uni-

DEL BALLO NOBILE.

Unito, ed il movimento andante del paſſo Naturale. Vale un tempo la cui battuta ſi trova ſul ſecondo movimento, cioè ſulla caſcata del rialzato. E ſi deſcrive in queſta maniera.

Paſſo di Gagliarda

CAPITOLO XXV.

Del Paſſo Grave.

Queſto paſſo, il quale un tempo di *Courante* era appellato, perciocchè ſerviva di principal paſſo ad una danza aſſai raguardevole coſì detta, la quale alle magnifiche feſte di

78 TRATTATO

di ballo delle Corti sovrane dava cominciamento; il suo primiero nome perdette, e passò Grave cominciossi a chiamare; dapoichè il Minuetto nato da bassi natali, cioè tra' contadini d'Angiò, Provincia della Francia, sotto Luigi il Grande, levossi in tanta superbia, che fatto dare il bando alla detta danza, occupò il luogo di quella, e mandolla del tutto in disuso.

Cominciasi indifferentemente dall'uno, o dall'altro piede sopra tutte le cinque positure, e si termina d'ordinario, andandosi innanzi sulla quarta, e dall'uno, o dall'altro lato sulla seconda, e ritornando dalla seconda positura, termina sulla quinta. E' composto di tre movimenti. Il primo de' quali si è il piegato, il secondo il rialzato, ed il terzo si è l'andante, con cui si sdrucciola colla punta d'un piede soavemente per terra. Vale una misura, la cui battuta si trova sul secondo movimento, cioè nella fine del rial-

za-

DEL BALLO NOBILE. 79

zato. Per esemplo dovendosi col piè destro fare il passo Grave innanzi dalla quarta alla medesima positura; equilibrato primieramente il corpo sul piè sinistro, tenendo addietro il piè destro sulla punta, si pieghino i ginocchi, e nello stesso tempo si levi alquanto di terra il piè dritto, il qual venga colla noce a toccare il tallone del piè sinistro alla terza positura: ed appresso rialzandogli, si vuol portare il medesimo piè dritto per aria facendo un poco di giro alla seconda positura: ed ultimamente si mandi innanzi sdrucciolando colla punta del piede alla quarta positura. Se si volesse far questo passo innanzi dalla terza alla quarta positura, partendo col piè dritto, che si trova innanzi al sinistro, si converrebbe piegare, rialzare, e sdrucciolar camminando a linea diritta sulla quarta positura. Il medesimo è da fare anche dallato. Egli non deve adoperarsi addietro nel ballo nobile. E volendosi

dosi fare in giro, non si vuol passare il quarto del circolo.

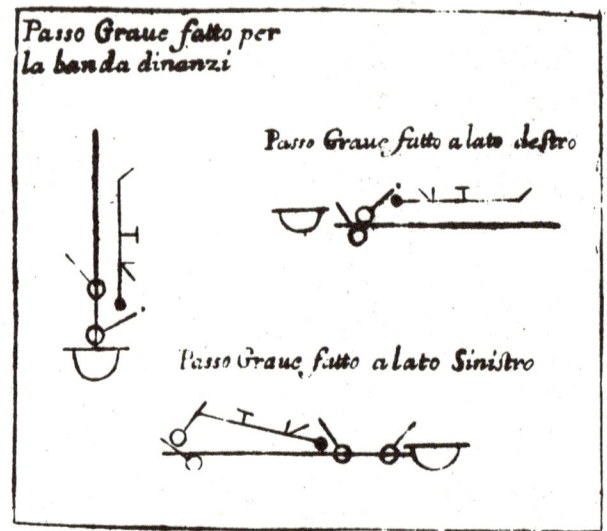

CAPITOLO XXVI.

Del Passo Bilanciato.

IL passo Bilanciato in qualunque modo fatto in niuna cosa dal Mezzo tronco è differente. Per la qual cagione non so a qual fine abbia d'avere un nome da quello di-

DEL BALLO NOBILE. 81

diverſo. Immagino non pertanto, che veriſimilmente abbia il nome di Bilanciato, sì perchè nel far queſto paſſo s'adoperano due Mezzi tronchi, un da un piede, e l'altro dall'altro; e sì ancora perciocchè nel rialzare ciaſcuno de' Mezzi tronchi, ſi viene un poco ad inclinare ſul fianco di quel ginocchio, che ſi diſtende, ſpezialmente quando ſi fanno dallato, per ove facendoſi, gli ſi conviene veramente il nome di Bilanciato, perciocchè aſsomiglia molto alla figura, e movimento della bilancia; dove facendoſi innanzi, addietro, o in giro, non gli s'appartiene queſto nome, ma ſi deono più toſto appellare paſſi Mezzo tronchi.

Tutte le poſiture de' piedi, fuorchè la ſeconda, gli poſſono ſervire di cominciamento. Per eſemplo volendolo fare dalla prima alla ſeconda, ſi pieghino i ginocchi portandoſi il piè dritto alla ſeconda poſitura, e quindi rialzato, ed equilibra-

F to

to il corpo sopra lo stesso piè dritto, si levi il sinistro in aria, e si mandi giù a terra allato al dritto a quattro dita di distanza, tenendosi ben distesi i ginocchi. Dopodichè si ripieghino i ginocchi portandosi il piè sinistro alla seconda positura, ed appresso rialzandogli, s'equilibri il corpo sopra il medesimo piè sinistro, e si levi il piè dritto in aria. Ed ecco compiuti i due passi Mezzo tronchi, l'un dal piè destro, e l'altro dal sinistro, de' quali ognuno vale un tempo, come nel capitolo del passo Mezzo tronco dicemmo. Onde il passo Bilanciato contiene due misure, la battuta delle quali si trova sul movimento rialzato dell'uno, e dell'altro passo Mezzo troncho.

Il passo Bilanciato, non già come altri il prende, cioè fatto per ogni banda, ma rigorosamente preso, cioè fatto dallato, donde ha ricevuto un tal nome, ed in quella guisa, ch'è stato qui sopra descritto, comechè un tempo

DEL BALLO NOBILE. 83
po stato fosse in uso; nulla però di meno, da che la danza nobile s'è ridotta a miglior perfezione, e che il *buon gusto* è arrivato al sommo, è divenuto un di que' passi, che sono andati per la sconcia lor veduta in disuso. E si descrive nella seguente maniera.

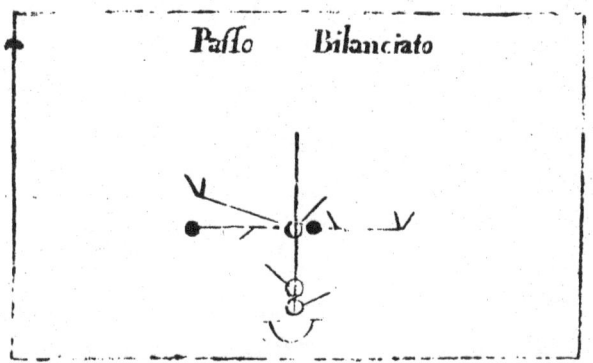

CAPITOLO XXVII.

Del Passo Cadente.

Questo si può dire l'unico passo, nel quale il corpo dal suo naturale equilibrio esce fuori. Può solamente farsi dallato: e si comincia con uno de piedi in aria: e perciò nel cominciamento non ha pofitura, perciocchè, come dicemmo, la pofitura vuol amenduni i piedi appoggiati fopra la terra. Contiene due movimenti, il primo de' quali fi è il piegato cadente giù baffo, ed il fecondo il rialzato, con cui fi falta fopra un de' piedi. Per efemplo, volendofi far quefto paffo col piè finiftro dietro al deftro, meffofi il corpo nel quinto equilibrio ful piè dritto, ed il finiftro tenendofi in aria allato al deftro in diftanza della feconda pofitura; vada pian piano ufcendo fuori del prefo equilibrio, e fecondochè s'anderà egli inclinando dal lato dritto, così il piè finiftro vada cadendo giù colla gamba diftefa, e finalmente caduto che farà dietro al piè dritto fulla quinta pofitura, fi pieghino fubitamente i ginocchi, e rialzandogli, fi faccia col piè deftro per innanzi un leggieriffimo Mezzo gittato alla quarta pofitura, il qua-

DEL BALLO NOBILE. 85

quale reſtituiſca il corpo nel ſuo naturale equilibrio, e termini queſto paſſo. Il ſuo valore ſi è d'un tempo, la cui battuta ſi trova ſul movimento piegato del piè, che cade giù. E quantunque a prima viſta ſembri, che, compiendoſi il tempo di queſto paſſo ſul movimento piegato, e che dovendoſi al Mezzo gittato attribuire un tempo, l'intero paſſo Cadente debba adoperarſi nello ſpazio di due tempi; pur non dimeno ſe ſi conſidera, che il movimento piegato è comune alla caſcata di queſto paſſo, ed al Mezzo gittato, a cui, perchè già ſi trova conſumato il primo movimento, altro non rimane, che il rialzato; ſi comprenderà molto bene, che queſto paſso debba contenere un ſolo tempo, la cui battuta, come è detto, ſi trova ſul piegato movimento, e che il ſecondo movimento, cioè il rialzato del Mezzo gittato, deve ſervire di ripiempimento della detta miſura, e di legamento, o paſ-

86 TRATTATO
faggio, che dir vogliamo, a' paffi, che fièguono apprefso.

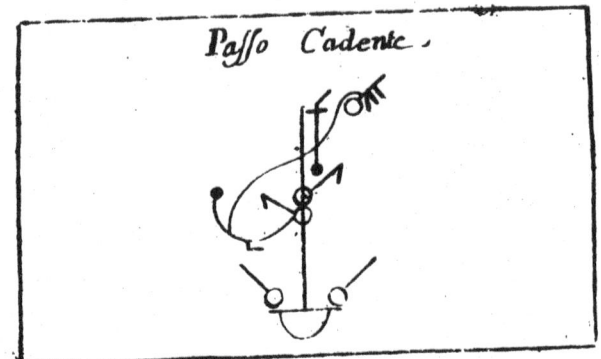

CAPITOLO XXVIII.

Della Sdrucciolata.

LA Sdrucciolata, la quale può cominciarfi fulla terza, o fulla quinta pofitura, s'ufa per lo più qualora camminar fi voglia a man dritta, o finiftra, e fi può anche adoperare con uno, o due quarti di giro. E' compofta di due paffi Tronchi fatti dallato, i quali riempier dovendo un folo tempo, ne viene in confe-
guen-

DEL BALLO NOBILE.

guenza, che ciascun di essi si debba fare due volte più velocemente d'un passo Tronco, il quale, come dicemmo al suo luogo, serba il valore d'una misura. E per la medesima ragione, contenendo ogni passo Tronco tre movimenti, la Sdrucciolata ne dee contener sei. Per esemplo, volendosi fare la Sdrucciolata a lato sinistro col piè dritto innanzi al manco sulla terza positura; si pieghino i ginocchi facendo un passo col piè sinistro alla seconda positura, e nel medesimo punto, che si rialzano, si dee subitamente sdrucciolare col piè dritto dietro al manco alla terza positura. Ed ecco il primo passo Tronco, ed una metà della Sdrucciolata. Quindi facciasi un' altro passo Tronco col piè sinistro, e si sdruccioli col dritto avanti al manco sulle medesime positure. E questo sarà il secondo passo Tronco, e l'altra metà della Sdrucciolata. La battuta del suo tempo si trova sul movimento rialzato del primo

Tron-

88 TRATTATO

Tronco, ed il rimanente del paſso ſerve di riempimento di tempo per finattantochè arrivi la battuta del paſso, che ſiegue appreſso.

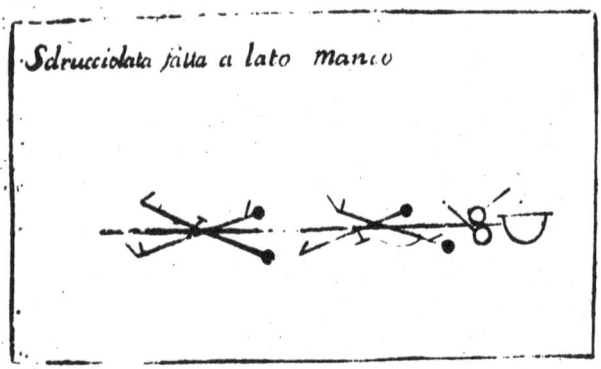
Sdrucciolata fatta a lato manco

CAPITOLO XXIX.

Del Paſso Staccato.

Tutte le volte, che i piedi si trovano ſopra alcuna poſitura, da cui non può cominciare il paſso, che ſiegue appreſso, è da ricorrere all'ajuto del paſso Staccato, così detto, perciocchè ſtacca, o ſlontana un piede dalla poſitura, ove ſi trova, e lo con-

conduce sopra un altra: e per lo suo mezzo lasciato un de piedi a terra, coll'altro si va a trovare la positura di quel cotal passo, che si ha a fare. Per esemplo, ritrovandosi i piedi sulla prima, o terza positura, e volendosi fare un Contrattempo dall'un de' lati, il quale, come è detto, non si può incominciare, che dalla seconda positura; in tal caso dovrà ricorrersi a questo passo Staccato, con cui si spicca, e si allontana un piede dalla positura, ove si trova, e si gitta sulla seconda per poter cominciare il Contrattempo. Perlaqualcosa questo passo, a cui non si attribuisce alcuna misura, od altra cosa, che a' passi competa, serve di solo passaggio d'una positura in un' altra.

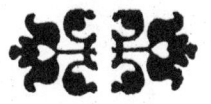

CAPITOLO XXX.

Del Giro della Gamba, del Battimento del Piede, e de' Movimenti del Ginocchio da' Franzesi detti Balonné.

IL Giro della gamba, il quale in altro non consiste, che in un mezzo cerchio, che essa da qualunque positura partendo, descrive in aria, o si fa unito ad alcun passo, per esemplo ad un Tronco, nel quale dopo d'essersi inalberato il corpo sopra un sol piede, coll'altro si fa un mezzo cerchio, ove termina il detto passo: ed in tal caso il Giro di gamba serve di legamento, o per meglio dire, per legiadro riempimento di misura, ed in alcuna cosa dal passo Semplice a mezzo cerchio non differisce. Ov-
ve-

DEL BALLO NOBILE.

vero s'adopera tutto folo, e feparatamente da ogn' altro paffo: ed in quefto cafo non ferve già di riempimento di tempo, ma sì vale una mifura, ed in quefto cafo deefi foftener tanto in aria, infinochè l'empia, e la corra tutta.

Il Battimento del piede, è quel movimento, che fi fa in aria da un piede avente la fua gamba diftefa, od alquanto piegata, col quale movimento viene ad incrocicchiarfi dietro al tallone, e fopra il collo dell'altro, che fi trova a terra appoggiato: ed appreffo dopo aver fatti i detti movimenti, o rimanfi in aria, ovvero s'appoggia fopra una delle cinque pofiture. Il piede fi può battere una, o al più due volte, il qual numero non fi vuol paffare nel ballo nobile. Serve folamente di riempimento della mifura d'un paffo, e di legamento ad un altro. Per efempio, volendofi fare per addietro un paffo Tronco terminato co'battimenti del piede; il piè, che

ter-

terminar deve il detto paſſo, laſciata la quarta poſitura, venga ad incrocicchiarſi in aria ſopra il collo del piede, ſopra cui ſi trova inalberato, ed equilibrato il corpo, ed appreſſo paſſi a fare il medeſimo dietro al tallone di quello, leggiermente toccandolo colla noce, e quindi vadaſi ad appoggiare ſopra la debita poſitura, donde debbono i ſuſſeguenti paſſi partire, e dove termina il paſſo Tronco ſopra, e ſotto battuto.

I due movimenti fatti da un ginocchio in aria, i quali i Franzeſi appellano *Balonné*, in quella medeſima maniera, che il paſſo Staccato ſerve ſolo di paſſaggio d'una poſitura in un'altra, ſervono di ſemplice paſſaggio d'uno in un'altro paſſo: e perciò non s'attribuiſce loro alcuna miſura, od altra coſa, che ſpetti a' paſſi. Per eſemplo, volendo paſſare dal Mezzo contrattempo a due movimenti al paſſo Gittato; finito il Mezzo contrattempo coll'uno, o coll'altro pie-

DLE BALLO NOBILE. 93

piede, la gamba, la quale rimane in aria, si pieghi per lo ginocchio, e nuovamente distesala si mandi giù alla positura del passo Gittato.

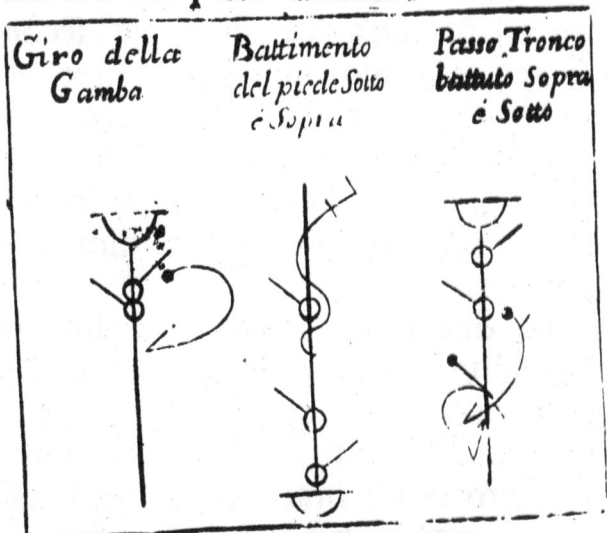

CAPITOLO XXXI.

Del Movimento delle Braccia.

Dettosi distesamente, e con quella chiarezza, che m'è stata possibile

bile di tutti i paſſi del ballo nobile, l'ordine, che infin dal principio di queſto trattato prendemmo, del movimento delle braccia nel preſente luogo mi ſtrigne a dire. Il quale, ſecondochè io eſtimo, non è già parte del ballo men neceſſaria dell'altre. E perciò convenevole coſa è, che adoperatoſi ſopra di quella ogni ſtudio, ſe ne dia una compiuta dimoſtrazione.

In due modi adunque molto tra loro diverſi muovonſi le braccia nel ballo nobile, le quali però vengono in due differenti maniere dinominate, perocchè o braccia ritonde ſi dicono, ovvero braccia di oppoſizione.

Per muoverle in quel modo, donde vengono dette braccia ritonde, è di biſogno prima d'ogn'altra coſa aprirle, e diſtenderle ſopra i lati loro, tra' gomiti, ed i fianchi un palmo di diſtanza ſerbando, ed un poco più d'un palmo tra i fianchi, e le mani. Le quali ſi deono tenere

DEL BALLO NOBILE. 95
re colle palme rivolte al mezzo di ciascun lato non del tutto serrando le dita, nè del tutto aprendole, che invero cosa non molto leggiadra sarebbe: ma sì nel mezzo di questi due modi. Quindi si vogliono piegare i gomiti portando ciascheduna mano davanti alla presenza del corpo in modo, che il concavo d'esse si trovi dirimpetto al mezzo d'ognuna delle tasche della giubba in distanza di cinque, o sei dita: e che le braccia per lo piegamento de' lor gomiti facciano un poco di circolo, ed appariscano ritonde dalle giunture delle spalle sino all' estremità delle mani. Ed appresso si deono soavemente far ritornare nel primiero lor sito, serbando nel muoverle le suddette determinate distanze, e terminando il loro movimento con un leggierissimo giro d'amenduni i polsi. Per bene imparare il movimento delle braccia ritonde è di bisogno esercitarsi del continuo a muoverle nella
di-

divisata maniera, e secondo le mostrate distanze, sopra i passi Tronchi finiti collo sdrucciolamento del piede, o col mezzo cerchio, od a due tempi per innanzi, ovvero sopra i Contrattempi fatti dallato, o in giro, e sopra altri passi. Le braccia ritonde contengono due movimenti, de' quai il primo s'adopera dalle braccia, qualora ritrovandosi nel primo lor sito, cioè sopra i lati loro, piegati i gomiti si conducono fino al mezzo delle tasche, ove termina questo primo movimento: ed il secondo, quando ritrovandosi le braccia, come è detto, sul mezzo delle tasche, ritornano nel loro primiero sito su i lati. Il movimento delle braccia ritonde ha il valore d'un tempo, la cui battuta si trova nella fine d'ogni primo movimento, cioè a punto nell' arrivare delle mani sul mezzo delle tasche: ed il secondo movimento serve di riempimento della detta misura, e di passaggio, o legamento a' movimenti delle

DEL BALLO NOBILE. 97
le braccia, che fieguono appreffo.

Il movimento delle braccia d'oppofizione s'adoperi in queft' altro modo. Si trovino primieramene le braccia nel primo fito già moftrato nell' efemplo delle ritonde, ed appreffo alzandofi un braccio, fi porti innanzi nel medefimo tempo, che l'altro abbaffandofi fi dee aprire ful lato. Se fi vuol dunque mandare innanzi il finiftro, ed aprire il deftro dallato, conviene, piegando bene al di dentro il gomito del primo, portare il braccio innanzi, facendo un poco di giro, ed avvicinare la mano verfo al mezzo del ventre in diftanza di quattro, o di cinque dita in modo, che tutto il fuo concavo fia rivolto verfo la terra, e fuccedevolmente fi faccia di giù in su un foave giro di polfo. E nel medefimo tempo, che il braccio finiftro comincerà il fuo movimento, il deftro, il quale, come è detto, dee anche trovarfi ful primo fito delle braccia riton-

G

tonde, s'allontani lateralmente dal suo fianco colla palma della mano un poco addietro riguardante, ed appresso si faccia soavemente un giro di polso per innanzi nel medesimo tempo, che la man sinistra lo fa, come è detto, di giù in su. E quivi termina il movimento delle braccia d'oppofizione. Or che si trovano le braccia in un altro sito dal primo diverso, se si volessero muovere col medesimo movimento, converrebbe col braccio destro far tutto quello, che finora col sinistro s'è adoperato, e coi sinistro si vorrebbe fare il contrario, ritornando di su in giù colla mano in dentro sopra il suo lato, e terminando col giro di polso per innanzi. Ed in questa divisata maniera si possono far tanti di questi movimenti, quanti mai se ne vogliono. Adoperasi cotal movimento sul passo Grave, sul Fioretto, sul passo Mezzo tronco, e sopra altri passi, dove si conviene, per impararlo, esercitare.

DEL BALLO NOBILE.

re. Ed i quali, se si cominciano partendo col piè dritto, il sinistro braccio deve andare innanzi in su, ed il dritto dal lato in giù: ed all'incontro, se si cominciano partendo col piè sinistro, è di bisogno, che vada innanzi in su il braccio dritto, e che per lo sinistro si faccia il contrario. E perciò questo movimento è detto d'opposizione. Le braccia d'opposizione contengono parimente due movimenti: il primo de' quali viene adoperato nel tempo, che un braccio dal suo primo sito giugne verso al mezzo del ventre, e che l'altro s'allontana dal suo lato: ed il secondo movimento consiste ne' giri di polso fatti da amendune le mani nel modo di sopra descritto. Il movimento delle braccia d'opposizione vale eziandio un tempo, la cui battuta si ritrova sulla fine del primo movimento, ed il secondo serve di riempimento dell'intera sua misura, e di legamento ai movimenti di braccia, che fieguono appreſſo.

Ed ultimamente ſi vuole avvertire, che la medeſima miſura di tempo, la qual regola i movimenti de' piedi, regolar dee quelli delle braccia. Perlaqualcoſa la battuta è loro comune, e tutto l'avvedimento conſiſte nel ſaper congiugnere i movimenti di quelli, e di queſte in un medeſimo iſtante.

CAPITOLO XXXII.

Della Riverenza.

COminciaſi la Riverenza nel ballo nobile ſulla prima, ovvero ſulla terza poſitura, ed avvegnachè quì ſi dividano i Maeſtri di ballo, e da alcuni queſta, da alcuni altri quella ſia commendata, ed uſata; pur nondimeno, per quanto io v'ho potuto ſu riflettere, e conſiderare, le ho trovate egualmente laudevoli, poſto che

DEL BALLO NOBILE. 101

che colui, che fa la Riverenza, si sappia sopra di quelle positure graziosamente, e con ogni leggiadria mantenere.

Or volendo il Cavaliere cominciar la sua Riverenza dall'una, o dall'altra di queste due positure, poichè egli avrà scorto, che la Dama si trova in istato di far la sua, stacchi soavemente il piè destro, e mandilo sulla seconda positura. E quindi equilibrato il corpo sopra questo medesimo piede, faccia nell'istesso tempo due cose. L'una si è, ch'egli dee alzar di terra il tallone del piè sinistro, colla cui punta, piegando a poco a poco il ginocchio, sdruccioli soavemente per terra dietro al piè dritto alla terza positura, serbando quattro, o cinque dita di distanza tra la noce del sinistro, ed il tallone del destro piede: e l'altra si è, che nel tempo dell'alzata del tallone del piè sinistro, egli deve alzare il sinistro braccio, distendendolo

dal

dal suo lato all' altezza della spalla, e nello stesso punto, che egli comincerà a sdrucciolare col piè sinistro, porti, piegando il gomito, la mano al cappello in modo, che tutto il braccio venga a formare un mezzo cerchio, ed appresso, senza punto chinar la testa, se 'l tolga via: ed aprendo poi, o distendendo il braccio, lo lasci cader giù dalla banda del suo lato, tenendo il di sopra del cappello rivolto innanzi. Si vuole oltre a questo ben avvertire, che nel medesimo istante, ch' e' comincerà a sdrucciolare col piè sinistro, convien, che a poco a poco cominci leggiadramente a piegare il corpo sulla cintura dalla parte dinanzi a proporzione, che il piè sinistro anderà sdrucciolando, acciocchè, finito, che avrà di sdrucciolare, e nel tempo che tutto il piede si troverà appoggiato sulla terza positura, si stia da lui facendo la parte più bassa del suo piegamento; sul quale deesi egli alquan-

DEL BALLO NOBILE. 103
quanto fermare, tenendo il ginocchio deſtro ben diſteſo, ed il ſiniſtro alquanto piegato in maniera, che queſti ſi trovin congiunti, e la fronte dell' uno non iſporga più in fuori della fronte dell' altro. Il che adempiuto, raddrizzi egli il ſuo corpo, e lo riponga nel ſuo naturale equilibrio: ed in ciò termina la prima Riverenza, ch'egli far dee agli ſpettatori del Ballo. Quindi faccia un paſſo Naturale col piè dritto alla quarta poſitura, ed un'altro col ſiniſtro alla ſeconda, girando un quarto di giro al di dentro per la man manca: e nel medeſimo modo, che ſdrucciolò col piè ſiniſtro, ſdruccioli ora col dritto dietro al manco alla terza poſitura, ſerbando tra l'uno, e l'altro piede la diſtanza detta di ſopra, ed appreſſo faccia un' altro piegamento, e raddirizzato ch' e' ſi farà, avrà terminata la ſeconda Riverenza fatta alla Dama, colla quale egli balla.

Nel modo detto di ſopra ſi riponga

ga anche la Dama sulla prima, o sulla terza positura, tenendo le braccia distese giù per lo mezzo di ciascun lato. E quindi stacchi il piè sinistro, e lo conduca alla seconda positura, ed appresso sdruccioli col piè dritto dietro al sinistro alla terza positura, od alquanto meno, quando le riuscisse di maggior comodo. E ciò adoperato, faccia la sua Riverenza, piegando egualmente, e soavemente i ginocchi in fuori, e facendo ciascun d'essi alquanto andar dal suo lato: e quella terminata s'alzi, e si riponga nel suo naturale equilibrio, dove finisce la di lei Riverenza fatta agli aspettanti del ballo. Faccia ella appresso col piè sinistro un passo Naturale alla quarta positura, e poi ne faccia un'altro col piè dritto alla seconda, girando un quarto di giro al di dentro per la destra, acciocchè venga a porsi dinanzi al Cavaliere col quale balla: e sdrucciolato, che avrà col piè sinistro

DEL BALLO NOBILE.
ſtro dietro al deſtro alla terza poſitura, od alquanto meno, come è detto, gli faccia quella medeſima Riverenza, che si è di ſopra deſcritta. E qui termina la Riverenza fatta al Cavaliere, col quale balla.

CAPITOLO XXXIII.
Della Figura.

SEcondo l'ordine preſo nel principio di queſto trattato, ſeguita ora a dire dell'ultima parte principale del ballo nobile, che è la Figura, della quale convien, che ſi dica diſtintamente, e con quella chiarezza, che fia poſſibile. La Figura adunque nella danza altra coſa non è, che il cammino, che deſcrive colui, che balla, ſul quale convien, che con arte deſcriva quei paſſi, che ſi convengono. Or queſta Figura, ovvero queſto cammino fatto con arte ſi può ſopra quattro linee ben
dif-

differenti adoperare. Le quali fono la retta, la diametrale, l'obliqua, e la circolare.

La linea retta fi è quella, che cominciando dal principio d'una fala va direttamente, e fenza piegare dall'uno, o dall'altro lato a terminare al fuo fondo in modo, che fia parallela al muro deftro, e finiftro di quella. Sopra la qual linea non folamente fi può camminare andando innanzi, ma anche addietro.

La diametrale è quella, che trafverfalmente da un lato della fala va verfo l'altro, e la quale alle due altre mura è parallela, cioè a quello, che ci fta dinanzi alla prefenza del corpo, ed a quell'altro, che fi ritrova dietro le fpalle.

La linea obliqua fi è quella, che cominciando da un'angolo della fala va a terminare all'angolo oppofto della medefima.

E la circolare è quella, che fi figura in una ftanza, o fala, così riton-

DEL BALLO NOBILE. 107
tonda, che da un punto, che si trova nel suo mezzo sino a qualunque parte di essa, vi ha un' eguale distanza. Nè solamente si deono appellare linea retta, diametrale, obliqua, e circolare, le quì sopra recate, ma eziandio tutte le lor parallele.

Dalle dette linee semplici, e dalla loro combinazione dirivano, e si compongono tutte le figure del ballo, le quali sono di numero infinite: e nel vero secondochè il corpo muta il suo sito ballando (il che tratto tratto nel ballo interviene) le predette linee cambiano parimente il lor sito.

Or dagli andamenti, o cammini di color, che ballano sopra le dette linee semplici, o composte, vengono prodotte due spezie di Figure, le quali Regolari, ed Irregolari son volgarmente appellate.

La Figura Regolare si fa, qualora due ballatori formano i passi sopra

pra le descritte linee a piè contrario, cioè un cominciando i passi col piè dritto, l'altro col sinistro, l'un camminando a man dritta, l'altro a man manca, l'un girando per la dritta, l'altro per la sinistra: in somma un facendo il contrario dell'altro.

La Figura Irregolare all'incontro s'adopera, qualora due ballatori danzano sopra le dette linee col medesimo piede, cioè un cominciando i passi col piè dritto, e l'altro anche col dritto, l'un camminando a man manca, e l'altro a man manca, l'un girando per la destra, e l'altro parimente per la destra, ed ultimamente facendo amenduni, o sopra l'istessa, o sopra diverse figure, col medesimo piede gl'istessi passi.

Tutta la bellezza, e leggiadria delle Figure del ballo consiste in sapere unire, ed accordare bene le Regolari colle Irregolari in modo, che diano meraviglia insieme, e diletto alla vista degli aspettanti.

CA-

CAPITOLO XXXIV.

Avvertimenti generali a coloro, che vogliono perfettamente imprendere il Ballo Nobile.

Tutte le scienze, e le arti, e generalmente le cose tutte, che si possono dall'umana mente sapere, imparar si possono dagli Uomini in due modi ben differenti. Primieramente per via di regole generali, ed invariabili, per le quali s'acquista il vero, e diritto saper delle cose, e per le quali agevolmente s'intendono, e si adoperano tutte le particolarità, che sotto le dette regole son contenute. Ed in secondo luogo per via d'esempli, e col voler sapere le particolarità delle cose: il qual modo è invero assai difet-

tofo, e mancante. Quindi accade, ch' eſſendo le regole di novero pochiſſime, ma che nello fteſſo tempo iſtruiſcono, e rendono chiara la mente, ed aperta a comprendere, e porre in atto tutte le coſe infinite ſotto di eſſe raccolte, ed inchiuſe; coloro, che fanno per la loro via, ſi poſſono dire, che fappiano compiutamente, e da maeſtri, e che in un tratto poſſono tutti gl' innumerabili eſempli in eſſe compreſi conoſcere, ed operare. Ove per contrario coloro, che fanno le coſe per via d' eſempli, ſi può dir, che non fanno nulla, perciocchè eſſendo gli eſempli di novero infiniti, e variando eſſi per ogni piccola circuſtanza, non poſſono già nell' anguſta comprenſion della mente dell' Uomo capire, e contenerſi. Ed avvegnachè paja, che il faper per via d'eſempli fia molto più agevole dello intender per via di regole, perchè veramente è aſſai più difficile d'imprendere
dere

dere le regole della mufica, che il mandarfi in memoria, udendola più volte, un' aria nel Teatro (il qual efemplo ferva per tutti gli altri, che di ogni fcienza, e di ogni arte fi poffono in mezzo produrre) tuttavia però fe fi riguarda a due fole cofe, cioè al novero degli efempli, il quale effendo infinito, non fi può dire veramente, che s'imprendan tofto, ma deefi affermare, che non fi potrà mai finir d'apparargli, perchè invero contuttochè alcun viveffe più fecoli, e che di giorno in giorno fi mandaffe in memoria nuove arie, e cantate di mufica, pur ne gli refterebbero infinite altre da imparare, per le quali fapere vi vorrebbe una vita, che mai non finiffe, ed in fecondo luogo fe fi pone mente a'difetti, ed errori, dove offendono coftoro, li quali, non avendo per le mani i principj, e le regole di quella cotal arte, i cui efempli fi mandano in memoria, del continuo

cor-

corrono in fallo, fenza che nemmeno fe ne poffano accorgere, ed avvertire; fi dovrà fermamente dire, che non v'ha, nè vi può avere più ficura, e più corta via da poter le cofe fapere, che, lafciati da banda gli efempli, i quali fono proprj per gl'infingardi, ed ignoranti, s'imprendano le regole, i principj, ed i precetti generali delle Scienzie, e delle Arti, colli quali in un tratto s'intendono, e fi pongono in opera tutti gli efempli, che fotto di lor vengono contenuti. E nel vero è molto meglio fapere le regole della Mufica, fenza tenere a mente una fola Cantata, che faper mille Cantate, fenza aver le regole della Mufica, perciocchè chi faprà la Mufica, farà abile a cantarne, non mille, o dumilia, ma sì bene infinite, e tutte quelle, che gli fi prefenteranno davanti a cantare.

Or quanto finora s'è detto nel prefente capitolo fi può di leggieri ap-

DEL BALLO NOBILE. 113
applicare, e rivolgere al Ballo, ed a coloro, che sono vaghi di perfettamente impararlo. I quali deono porre tutto il loro studio alle regole, ed a' precetti generali di cotal arte, per li quali si può ballare ogni presente, e futura danza; e per contrario deono schifare, e fuggire il sapere per la sola via degli esempli, cioè il voler imparare il ballo, non già cominciando dalle sue regole, ma volendo questa, o quell'altra danza adoperare, e porre in atto, per far sembianti d'essere stati in un tratto abili a sapere molto in pochissimo tempo. E da ciò poi ne nasce, che vi saranno di quelli, i quali si crederanno saper ballare molte danze, ed in verità non sapranno fare un sol passo; ladove se il tempo speso ad imprendere quelle danze imperfettamente, l'avesser voluto impiegare alle regole di sopra dimostre, non solamente sarebbono stati abili a poter ballare assai più danze, e più regolatamente di quelle, che
H non

non fanno; ma eziandio non avrebbono male fpefo il loro tempo, e non farebbono certamente rimafi fuor d'ogni loro credenza ingannati.

Coloro adunque, che vogliono far tutto il profitto nel ballo nobile, aprano gli occhi dell'intelletto, e non fi lafcino trafportare, anzi fi ridano di quegli altri, li quali fenza faper nulla, s'affrettano ad imparare un mefcuglio di danze, di capriole, e di paffi difficili, e credendo di fargli ottimamente, non fanno altro, che ftrapazzarfi inutilmente le gambe, e tutto il corpo, ed i quali quanto più s'affrettano, tanto più vanno errati: fimili a coloro, i quali ritrovandofi in una ben folta, ed intralciata forefta, fmarrito il dritto fentiero, quanto più corrono, ed affrettano il cammino per quella, tanto più s'allontanano dalla diritta via. Ma lafciato da banda il capriccio di coftoro, feguano la feguente regola: pongano ogni ftudio,

DEL BALLO NOBILE.

dio, ed ogni follicitudine ad imprendere i paſſi di ſopra ſpiegati, e ſopra tutto badino a' lor movimenmenti, e miſura di tempo: percicciocchè quantunque i paſſi ſi poſſano fare ſopra diverſe poſiture di piedi, e ſopra diverſe figure; tuttavia però conſervano conſtantemente i medeſimi movimenti, e valore. E poichè ſapranno far bene i detti paſſi, è di biſogno, che imparino a legargli, ed incatenargli aſſieme in varie guiſe, e maniere, or unendone due, or tre, or quattro, ed or cinque, e da mano in mano via più creſcendo nel numero, ballandogli poco a poco ſopra diverſe figure, e ſopra arie loro convenienti del tempo binario, e ternario. Ed allorchè ſaran pervenuti alla conoſcenza di ſaper unire, e legare aſſieme molti de' detti paſſi, ravviſandone le debite poſiture, gl'equilibrj, i movimenti, ed il valor della miſura, potranno liberamente inoltrarſi ad imprendere qualunque danza, che fi è trovata finora, e che fi troverà, ed inventerà in appreffo.

Quefta fi è adunque l'unica regola, che fi vuole feguire, e quefta veggiamo, che fieguono i valenti Maeftri di ballo, i quali non fanno già quefta, o quella danza, ma sì bene le regole da farle tutte, e le già trovate, e che mai fi poffano dall' umano ingegno inventare. E veggiamo tutto giorno intervenire, che venute di fuori delle danze novellamente compofte, per difficili, che fi vogliano immaginare, non avendo effe altra cofa di nuovo, che le figure, le quali per fe fteffe fon faciliffime; da coloro, che hanno le dette regole per le mani, in brieve ora efattamente fi ballano, perciocchè non hanno a far altro, che porre in opera fopra le dette danze l iftelfe cofe, che fanno.

TRATTATO DEL MINUETTO.

CAPITOLO I.

Del Minuetto, e delle parti, che lo compongono.

Uantunque potrei quì francamente affermare, che avendo io sposte le sette parti principali del ballo nobile, le quali infin dal cominciamento di quest' opera promisi di render chia-

chiare, mi fia dalla prefa fatica diliberato, e che oramai fia tempo di dare alla penna, ed alla mano ripofo; pur nondimeno, il prender nuova lena, ed il fare un'altro Trattato apparte ful Minuetto, mi fembra per le ragioni, che feguiranno, sì neceffario, che fe il primo Trattato, di cui mi fono efpedito, da quefto fecondo feguitato non fuffe, convenevolmente affai difettofo, e mancante potrebbefi riputare.

Io mi fono del tutto perfuafo, che chiunque faprà le pofiture de' piedi, gl'equilibri, ed i movimenti del corpo, e chi nel mifurato tempo dell'armonia faprà formare, ed incatenare affieme i paffi di fopra dimoftri, e muovere le braccia così ritonde, che d'oppofizione, ed ultimamente chi avrà l'intelligenza delle figure regolari, ed irregolari prodotte dalle quattro linee, cioè dalla retta, dalla diametrale, dall'obliqua, e dalla circolare; farà non
fo-

DEL BALLO NOBILE.

folamente abile a ballare ogni danza, ma eziandio ad inventarne, e comporne da fe medefimo delle altre: per la qual cagione io non fono in obbligo di trattare delle danze in particolare. Ma d'altra parte confiderando, che il Minuetto forto da baffi natali, cioè tra' Contadini d'Angiò, Provincia della Francia, i quali fenz'alcuno artifizio, e quafi naturalmente lo ballano, e ridotto poi in miglior ordine, e vaghezza fotto Luiggi il Grande, abbia incontrato una tale felice forte, che da vile, umile, e baffo, ch'egli era, per tratto di tempo è divenuto così pompofo, che fattofi del tutto dimentico della fua infima condizione, oggidì ritiene, ed occupa il principal luogo tra la danza nobile: fenzachè ha fortito un'altro maggior privilegio, il qual fi è, che non fi comincia ad imparare la danza nobile: fe non da quello, e però fi potrebbe appellare l'introduzione, o la porta della danza; ed oltractracciò non si dà cominciamento, se non da esso alle grandi, e solenni seste di ballo: perciò ho dovuto onorarlo ancor io, e contradistinguerlo tra tutte l'altre danze, col far sopra di esso uno spezial Trattato, affine di renderlo, il più che sia possibile, chiaro, ed aperto, e per mostrare altrui il modo, e la maniera, che si convien tenere, per saperlo nobilmente, e leggiadramente ballare.

E per ordinatamente procedere alla dichiarazione del Minuetto, diremo intorno di esso cinque cose. Primieramente del Passo del Minuetto, delle sue principali mutazioni, e del modo presente di porlo in opera, così sulla linea obliqua, e circolare, che a man destra, e sinistra. Secondariamente diremo del Movimento delle braccia del Minuetto. Nel terzo luogo della Cadenza del Minuetto: non già ch'ella sia diversa da uno de' tempi descritti di sopra nel capitolo della Cadenza, ma sì,

DEL BALLO NOBILE.

sì, perciocchè la Cadenza del Minuetto si batte per comodità di coloro, che lo ballano, in un altro modo ben differente dell'altre danze. Nel quarto luogo si dirà della Figura del Minuetto. E nel quinto, ed ultimo luogo diremo d'alcuni altri passi, ornamenti, o abbellimenti, che dir vogliamo, i quali posson rendere più vago, e leggiadro il Minuetto. Dove farà terminato il suo Trattato.

CAPITOLO II.

Del Passo del Minuetto.

IL Minuetto si è l'unica danza composta d'un solo passo rinnovato sopra la stessa figura: il quale, o s'adoperi dalla Dama, o dal Cavaliere, si comincia sempre col piè dritto, ove tutti gli altri passi del ballo nobile indifferentemente coll'uno, o coll'altro piede si possono cominciare:

Il passo del Minuetto è stato sempre ne' tempi andati, ed anche di presente composto di quattro passi: ed avvegnachè da tempo in tempo avute abbia intorno a' suoi movimenti diverse mutazioni, tuttavia io non intendo ridirle qui tutte; ma ne recherò tre sole, le quali, secondochè estimo, sono le principali.

Primieramente fu in uso il passo di Minuetto in franzese detto *a la' Boëmienne*, che in toscano sarebbe lo stesso che dire alla Zingaresca, perciocchè questa parola franzese *Boëmien*, nel toscano idioma equivale alla voce Zingaro. Durò per lungo spazio di tempo: ed era composto d'un passo Mezzo tronco fatto col piè destro, d'un passo Sdrucciolo adoperato col piè sinistro, d'un altro passo Naturale del piè destro, ed ultimamente d'un altro passo Gittato

DEL BALLO NOBILE. 123

to del piè finiſtro, ove terminava l'intero paſſo di Minuetto, detto *a la Boëmienne*.

Succedè poi in ſecondo luogo il paſſo di Minuetto a Fioretto, il quale, perocchè era men bello del precedente, durò per aſſai poco tempo. Era compoſto d'un Mezzo tronco del piè deſtro, e d'un Fioretto fatto col piè finiſtro.

Andati i deſcritti due paſſi in difuſo, venne nel terzo, ed ultimo luogo il paſſo di Minuetto, che oggidì s'uſa, il quale ſenz'alcuna contraddizione è aſſai più bello, e gentile degli altri due; e ſono per affermare, che difficilmente i poſteri ne ſaran per trovare un'altro più nobile, e ben fatto di eſſo. Il qual paſſo, perciocchè ſi fa in tre differenti maniere, cioè diverſamente adoperandoſi ſulla linea obliqua per innanzi, e circolare, ſecondariamente andando a man dritta, e nel terzo luogo ritornando ſulla finiſtra; convenevole
co-

cosa è, che partitamente, di lor trattando, si faccia parola.

Il passo adunque di Minuetto sull'obliqua per la banda dinanzi, e sulla linea circolare adoperisi in questo modo: facciasi primieramente un Mezzo tronco col piè dritto a poco meno della quarta positura, venendo la gamba sinistra per aria a distendersi allato la destra in distanza della metà della seconda positura; ove fattosi, col tenersi bassa la punta del piede, e quasi toccante la terra, un istantaneo fermamento, ripiegato alquanto il ginocchio destro, passi nel medesimo tempo il piè sinistro innanzi, facendo un leggierissimo passo Sdrucciolo ad un poco più della quarta positura; quindi si faccia col piè dritto un passo Naturale a poco men della quarta positura; ed ultimamente un Mezzo gittato col piè sinistro anche a poco meno della quarta positura, il quale si dee sì leggiermente fare, che quasi divenga

DEL BALLO NOBILE.

ga impercettibile, perciocchè quanto più farà adoperato foavente, tanto più farà per riufcire gradevole alla vifta de' riguardanti.

Il paſſo di Minuetto, con cui fi va a lato dritto, è da adoperarſi in queſt' altro modo: facciaſi primieramente un Mezzo tronco dallato col piè dritto alla feconda pofitura, il quale, poichè fi farà rialzato, portiſi il piè finiſtro colla punta baſſa allato al deſtro, e fi tengano ben diſteſi i ginocchi, e quindi ripiegatigli, fi faccia col piè finiſtro un paſſo Sdrucciolo dietro al deſtro alla terza poſitura: ed appreſſo rialzatigli, fi facciano due paſſi Semplici, il primo de' quali col piè dritto alla feconda pofitura, ed il fecondo col piè finiſtro dietro al deſtro alla terza poſitura.

Il paſſo di Minuetto, con cui fi ritorna ſul lato finiſtro, fi pone in opera in queſt' altra maniera: facciaſi in prima un Mezzo tronco col piè deſtro per innanzi al finiſtro dalla ter-

terza alla quinta pofitura, ovvero col piè deftro dietro al finiftro dalla terza alla terza pofitura, o finalmente nel luogo del Mezzo tronco fi foftituifca un paffo Piegato, e Rialzato fulla terza pofitura : in fecondo luogo fi faccia col piè finiftro avente la gamba diftefa, e la punta baffa, e piegando infenfibilmente il dritto ginocchio, un paffo ad un poco più della feconda pofitura : fucceda poi a quefto un paffo Semplice del piè deftro dietro al manco alla terza pofitura : e nel quarto luogo s'adoperi col piè finiftro un leggieriffimo Mezzo gittato alla feconda pofitura.

Ciafcun di quefti tre dichiarati paffi di Minuetto è compofto di fei movimenti, il primo de' quali fi è il piegato d'amenduni i ginocchi, camminando col piè deftro, il fecondo il rilazato fopra lo fteffo piede, ful quale fi trova la battuta dell' aria del Minuetto, come appreffo nel ca-
pi-

DEL BALLO NOBILE.

pitolo della sua Cadenza dimostreremo, il terzo movimento si è il piegato del dritto ginocchio, sdrucciolando col piè sinistro, il quarto il rialzato sul medesimo piè sinistro, il quinto si è un movimento andante fatto con un passo Naturale dal piè dritto, ed il sesto, ed ultimo è un altro movimento andante fatto dal piè sinistro in un Mezzo gittato. Il quale, avvegnacchè, come di sopra dicemmo, contenga due movimenti, cioè il piegato, e l'andante col salto, pur nondimeno per la somma leggierezza, con cui si dee adoperare, rendendosi il piegamento, ed il salto impercettibile, non gli rimane altro movimento visibile, che l'andante, e per la medesima ragione non gli si dee, che un solo movimento, attribuire.

La più bella, e leggiadra maniera da far questo passo, è di rialzare il secondo movimento del Mezzo tronco sulla punta del piè dritto, alzando do alquanto il tallone di terra, e nel ripiegare del dritto ginocchio, appoggiare leggiermente il tallone sulla terra: camminare appresso il secondo, ed il terzo passo sopra la punta del piede: ed il quarto passo, il quale come è detto è un Mezzo gittato è da farsi leggiermente cader sulla punta; e ripiegando incontanente dopo l'ultimo de'quattro passi, che formano quello del Minuetto, il ginocchio dritto, convien leggiermente appoggiare a terra il tallone del piè sinistro, ed appresso adoperare gli altri passi di Minuetto, che far si convengono. Ma perciocchè vi sono alcuni, i quali per la loro naturale disposizione, e perchè hanno troppo alto il collo del piede, se non con estrema difficoltà non possono rialzar sulla punta; ed alcuni altri per contrario, i quali, perchè hanno il collo del piede assai basso, ed i ginocchi troppo robusti, e quasi inflessibili, appoggiar

non

DEL BALLO NOBILE.

non poſſono il tallone ſopra la terra; perciò ſon da avvertire i primi a rialzare leggieriſſimamente, ed in modo, che i talloni non facciano alcun romore, ed i ſecondi, ad appoggiare tutta la pianta del piè ſulla terra, acciocchè così facendo, vengano un poco ad alzar di terra il tallone. Senzachè a queſti naturali difetti dee rimediare, e ſupplire l'abilità del Maeſtro di ballo, il quale ha obbligo ſpezialiſſimo di ammendare, e coprire, il meglio, che ſi poſſa, le mancanze della natura coll' arte, adattando agli Scolari que' paſſi, e quelle diſtanze di poſiture de' piedi, che le loro diſpoſizioni, o naturali coſtituzioni, patiſcono, acciocchè poſſano, in niuna coſa cedendo agli altri, a' quali la natura è ſtata liberale de' doni ſuoi, ottimamente ballare.

CAPITOLO III.

Del Movimento delle Braccia del Minuetto.

IN quella stessa guisa, che da tempo in tempo s'andaron mutando i movimenti del passo del Minuetto, si sono ancora in tre differenti maniere cambiati i movimenti delle sue braccia.

Primieramente, tenendosi alte, si muovevano in due tempi, in un de' quali si piegavano per lo gomito, e nell'altro si distendevano.

Secondariamente, tenendosi le braccia alquanto più basse, si faceva questo movimento in tre tempi: nel primo de' quali si bassavano in modo, che le mani giugnessero fino alla parte delle tasche della giubba a' lati più vicina: nel secondo tempo, piegando i gomiti, si rialza-

DEL BALLO NOBILE. 131

vano le braccia: e finalmente nel terzo tempo ritornavano nel loro primiero fito, ove, rivoltefi alquanto le palme delle mani alla banda dinanzi, a quefto movimento fi dava fine.

La terza maniera di muover le braccia fi è quella, che oggidì s'ufa, la quale è parimente a tre tempi, e che invero è di gran lunga più nobile, e graziofa delle altre due di fopra defcritte, e fi adopera nel modo, che fiegue: fi diftendano in prima liberamente, e fenza fare alcuna forza, le braccia allato agli angoli delle tafche più vicini alle pieghe della giubba, tenendofi le mani colle palme non del tutto ferrate, nè aperte, ma sì nel mezzo di quefti modi, rivolte verfo la giubba. Nello fteffo tempo poi, che fi piegano i ginocchi, per incominciare il paffo del Minuetto, fono da portare foavemente le braccia per fopra l'una, e l'altra banda dinanzi della giubba, e quafi a fior

d'efd'essa, infino al mezzo delle sue tasche: e questo si faccia nel primo tempo. Nel medesimo tempo poi, che il piè diritto rialza il Mezzo tronco, si vogliono, piegando insensibilmente i gomiti, alzar le braccia in modo, che ciascuna mano si venga due sole dita ad allontare dalla giubba: e ciò si faccia nel secondo tempo. E nello spazio, che si fanno i tre altri passi, i quali compiono il passo del Minuetto, fa di bisogno, movendole colle medesime distanze, farle anche soavemente tornare nel primo lor sito: e questo si faccia nel terzo tempo, ove termina il movimento delle braccia del Minuetto, la cui battuta si trova a punto sul principio del secondo tempo. Avvertasi finalmente, che questi tre movimenti in tre tempi fatti, si deono adoperare, senza fermarsi, o ristare in alcuno di essi, immediate l'un dopo l'altro: e la lor bellezza consiste nel sapergli legare assieme in maniera, che

che facendogli l'uno all'altro succedere, riempiano unitamente un passo, ed una misura dell'aria del Minuetto.

CAPITOLO IV.

Della Cadenza del Minuetto.

Crederà forse taluno, leggendo questo solo titolo, *Della Cadenza del Minuetto*, ch'io resomi dimentico affatto di quello, che si è detto di sopra nel capitolo della Cadenza, sia nel presente luogo a ragionare di qualche altro tempo dal binario, o dal ternario diverso: ma se mai precipitosamente, prima del debito tempo, così fattamente opinar volesse, senza alcun fallo si troverebbe assai lontano dal vero, e forte della sua estimazione ingannato. E nel vero, quanto di sopra è detto, costantemente confermo, e sono no sempre per confermare : ma sì solamente dico, che l'aria del Minuetto, la qual è di tempo ternario, dee essere, per le ragioni, che seguiranno, diversamente dall'altre arie, battuta, come or ora farem vedere.

Il passo del Minuetto, il quale, come dicemmo, inchiude sei movimenti, cioè il piegato andante del piè destro, l'elevato del medesimo piede, il piegato del diritto ginocchio, sdrucciolando col piè sinistro, l'elevato sopra il medesimo piè sinistro, il movimento andante del piè diritto, e l'altro andante del piè sinistro, contiene due misure di tempo: Ora perchè ogni passo del ballo dee essere racchiuso in una sola misura, acciocchè venga meglio regolato dall'orecchio, ed i suoi movimenti vadano esattamente in cadenza; il passo del Minuetto, il quale contiene entro di sè quattro passi da sei movimenti composti, per esser

DEL BALLO NOBILE.

ser bene, e con tutta l'esattezza ballato, è di bisogno, che ambedue le misure, che esso contiene, non siano battute, perciocchè agevolmente confonder potrebbono la mente di colui, che balla: ma sì conviene, che se ne batta una sola, e che l'altra rimanga in aria. Per la qual cagione, avvegnachè il tempo ternario, o tripola, che dir vogliamo, del Minuetto, batter si potesse in questo modo, cioè facendo trovare la prima battuta sul secondo movimento di questo passo, e la seconda sul quarto; pur nondimeno, per non confondere coloro, che ballano, o fargli torre in iscambio una per un altra misura, si dee solamente battere la prima, la qual si trova sempre sul secondo movimento, cioè sul rialzato del piè destro, e l'altra battuta rimanga in aria; ed in tal guisa si vuol continuare negli altri passi del Minuetto a battere la sola prima misura, la qual costantemente si trova sul secondo movimento di ciafcun paſſo del Minuetto. Ed i Maeſtri di ballo devono nella ſpoſta maniera a' loro Scolari impararlo, perciocchè, così facendo, ogn'uno de' detti paſſi conterrà un ſolo tempo, e ſi renderà agevoliſſimo ad eſſer ballato in cadenza; dove ſarebbe per riuſcire difficiliſſimo, ſe batter ſi voleſſe l'una, e l'altra miſura.

CAPITOLO V.

Della Figura del Minuetto.

SEcondo l'ordine preſo dal principio di queſto Trattato, ſeguita nel quarto luogo a dire della Figura del Minuetto. La quale, comechè un tempo ſtata foſſe queſta 2, di preſente ha preſo la forma d'un Z, la quale ſenza alcun dubbio è più laudevole della prima, perciocchè coloro, che ballano ſopra

DEL BALLO NOBILE. 137

pra questa seconda, vengono del continuo a trovarsi l'un dirimpetto all'altro, ed in conseguenza possono assai meglio *figurare*: nel che consiste una delle maggiori, e più visibili perfezioni della danza.

Per descrivere adunque, ballando, la Figura del Minuetto, prima d'ogn' altra cosa, convien, che la Dama, ed il Cavaliere, poichè avranno compiute le loro riverenze, delle quali sufficientemente dicemmo di sopra, si diano la mano, e facciano assieme per innanzi un passo di Minuetto: e quindi, fatti che avrà la Dama intorno al Cavaliere due passi di Minuetto, e che questi ne avrà nell'istesso tempo fatti in giro altri due, camminando addietro, e formando un mezzo cerchio per la destra, lascino la mano, e si mettano sul principio della linea diametrale del Z, cioè la Dama verso quel luogo, dove cominciaronsi le riverenze, ed il Cavaliere sull opposita

sita diametrale. Incominciasi poi la Figura, facendosi due passi di Minuetto a lato dritto sulla linea diametrale, alquanto partecipante dell'obliqua, contraria all'obliqua della Figura del Minuetto. Facciano appresso due altri passi a man sinistra, co' quali ritornino sul principio della già scorsa diametrale, donde partirono. Quindi, messisi sull'obliqua della detta Figura, facciano per innanzi, passando l'un per la destra dell'altro, e presentandosi alquanto, nel passare, vicendevolmente la presenza del corpo, due altri passi di Minuetto; nel secondo de' quali, facendosi il Mezzo gittato, si adoperi un quarto di giro dalla obliqua della Figura del Minuetto alla sua obliqua contraria. Si facciano poi nuovamente i due passi a lato destro, al primo de' quali si dia principio con un Mezzo tronco fatto con un quarto, e mezzo di giro per la banda di dentro, e quindi ritornando sul lato sinistro,

si fac-

DEL BALLO NOBILE. 139
si facciano due altri passi di Minuetto, nella maniera di sopra dimostra. E quì si dà termine all' intera Figura del Z.

Or sopra ciascheduna linea della descritta Figura seguitino, per finattanto, che piacerà loro, a far due de' nomati passi, non già perchè vi sia alcun obbligo di serbare questo prefisso numero, ma sì bene, per meglio *figurare* : nel che, come di sopra è detto, consiste una delle maggiori, e più visibili perfezioni della danza.

S'avverta però bene, che quantunque dipenda dall' arbitrio della Dama, e del Cavaliere il ballare poco, o assai tempo sulla Figura del Minuetto; pur nondimeno bisogna rimanersi d'offendere nell' uno, o nell' altro di queste due estremità, le quali sono egualmente da biasimare. Ed acciocchè non s' incorra in alcuno di questi difetti, la migliore, e più sicura regola, che convien seguire, si è:
che,

che, dopo averſi la Dama, ed il Cavaliere laſciata la mano, facciano ſu per la moſtrata Figura tre interi paſſaggi: i quali compiuti, ritrovandoſi amenduni ſull'eſtremità dell'obliqua, facciano ſopra di eſſa per innanzi un paſſo di Minuetto; e nel medeſimo tempo, che lo cominceranno, convien, che alzino dalla banda dinanzi, quaſi all altezza della ſpalla, il braccio deſtro, e piegatolo ſoavemente per lo gomito al di dentro, tra il petto, e la mano un palmo di diſtanza ſerbando (il qual atto ſi fa in ſegno di baciamano) e diſteſe poi per eſſi leggiermente le braccia nel tempo iſteſſo, che ſarà terminato il detto paſſo, ſi diano lateralmente la mano, e facciano aſſieme due paſſi di Minuetto in un giro intero, cioè deſcrivendo mezzo cerchio per ciaſcheduno. Quindi, terminati, che avranno i detti due paſſi, laſcino la mano, e facciano, andando alquanto al di dietro,

uno,

DEL BALLO NOBILE. 141

uno, o due paffi di Minuetto, secondo la capacità della stanza, ove si balla, sulla linea diametrale. Facciano appresso full' obliqua contraria a quella della Figura del Z un passo dalla banda dinanzi, e nel medesimo tempo, che si richiede per adoperarlo, facciano col braccio, e colla mano siniftra tutto ciò, che fecero per addietro col braccio, e colla man destra: e datisi nuovamente la mano, facciano nel modo detto di sopra due altri paffi di Minuetto in un altro giro. Si ripongano appresso sopra la linea diametrale, e facciano un paffaggio, e mezzo, o al più due sopra, la steffa Figura del Z, e nel ritrovarsi sull' estremità dell' obliqua, facciano per innanzi un altro paffo di Minuetto, nell' incominciamento del quale alzino, non già uno, ma amendune le braccia, e fatti, che avranno nel modo divisato di sopra, i medesimi movimenti anche in segno di baciamano, si

por-

porgano vicendevolmente l'una, e l'altra mano; e se il Cavaliere, il quale dee essere il conduttor della Dama, si troverà sull'obliqua dalla banda, che s'incominciò il Minuetto, dovrà con esso lei descrivere un giro intero; dove se si troverà sulla parte contraria dell'obliqua, non dovrà fare, che un mezzo giro, e condottala sul medesimo luogo, dond'ella si partì nel principio del Minuetto, si lascino le mani, e ripostosi anche il Cavaliere nel suo primiero luogo, facciano parimente la solita riverenza.

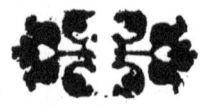

CAPITOLO VI.

D'alcuni altri paſſi, ed ornamenti, co' quali ſi può rendere più leggiadro il Minuetto.

Quantunque paja a prima viſta, ch'eſſendo il Minuetto, come di ſopra dicemmo, compoſto d'un ſolo paſſo rinnovato ſopra la ſteſſa figura, ſi poſſa agevolmente, e con aſſai meno difficoltà dell'altre danze, imparare: pur nondimeno, ſe ſi conſidera, ch'egli per piacere agli ſpettatori, dee eſſer accompagnato dal grazioſo, e niente affettato portamento del corpo, da un paſſo facile, e ſoave, il quale non abbia alcuna affettazione, o durezza, da una giuſta poſitura di piedi, ſecondo le miſure di ſopra dimoſtre,

dal

dal bello, e leggiadro movimento delle braccia, da una speziale attenzione a ben *figurare*, ed ultimamente da un orecchio ben dilicato a seguitar la cadenza; si dovrà fermamente dire, che il Minuetto non sia tanto agevole, com altri crede, ad esser bene, ed ottimamente ballato. Ed io porto fermissima opinione, che anche concesso, che il Minuetto sia facile ad esser ballato, è nondimeno difficilissimo più, che ogn'altra danza, a piacere agli ipettatori; perciocchè essendo egli composto, come è detto, d'un solo passo rinnovato sulla stessa agevolissima figura; vengono i Circostanti a vedere la medesima cosa, e perciò in breve spazio di tempo, riguardando essi il Minuetto, possono esser dal rincrescimento assaliti, ed in piccola ora si possono tediare: a differenza dell'altre danze, nelle quali essendovi copia di passi, e figure, veggono del continuo cose nuove, e perciò difficilmente vi si

pos-

DEL BALLO NOBILE. 145
possono annojare. E da ciò nasce, che il Minuetto, come dissi, quantunque più facile dell'altre danze a ballare, si rende più malagevole a piacere agli spettatori: e che per conseguire il fine di rendersi a quelli gradevole, uopo è, che sia accompagnato dalle perfezioni di sopra recate.

Il Minuetto, comeche ballato con proprietà, e col suo solo passo, sia laudevole, ed incontri l'altrui piacere; tuttavia può essere anche ornato da alcuni altri passi conformi alla sua misura, e figura, cioè che non oltrapassano il suo valore di tempo, e che non guastano, nè contraffanno la figura del Z.

Si può adunque, terminato il primo passo di Minuetto sulla linea diametrale a man destra, invece del secondo, fare per la banda dinanzi un passo Grave col piè diritto, ed un Mezzo gittato col sinistro alla quinta positura. Il quale poichè sarà ter-

mi-

minato, voglionfi incontinente ben piegare i ginocchi (donde incominciano i paffi fulla diametrale a man manca) ed appreffo rialzatigli, fi dee feguitare il paffo di Minuetto col piè finiftro, e finire nel modo detto di fopra.

Si poffono eziandio, mentre fi fa il paffo Grave, alzare un poco più le braccia; e chinato alquanto il capo verfo la deftra, fi potrà gittare lo fguardo alla punta di quel piede, con cui fi fa quefto paffo, e riguardatala per infino alla metà del fuo cammino, è da riporre il capo nel fuo naturale equilibrio. Avvertafi nondimeno, che fe colui, che fare intende quefto piegamento di tefta, non fi confidaffe, adoperandolo, di moftrarvi una grazia naturaliffima, e niente affettata, farebbe meglio aftenerfene.

Si poffono anche fare, in porgendo la man finiftra, in vece del paffo di Minuetto, il Grave, ed il Mezzo

DEL BALLO NOBILE. 147

zo gittato. Il quale poichè farà terminato, fi dee al folito, camminando, e dando la mano, feguire il paffo di Minuetto: e dopo che fi farà quella lafciata, nel mentre fi faranno a lato deftro, fecondo l'ampiezza di quel luogo, ove fi balla, uno, o due paffi di Minuetto, fi potrà nuovamente chinare il capo nella divifata maniera.

Quì fi vuole avvertire, che il paffo Grave, ed il Mezzo gittato far non fi poffono, quando è da porgere la man deftra, perciocchè la pofitura de piedi, ove il Cavaliere fi trova, non è adatta à potergli fare: tanto maggiormente, che la Dama, non feguendo forfe quefta regola, o quantità di paffi, può prevenirlo, porgendogli la mano (la quale non è lecito in niun modo rifiutare) e con ciò non gli darà tempo da prendere la pofitura richefta a poter incominciare il Grave, od altro paffo, fuor quello del Mi-

nuet-

nuetto. E però la via più sicura, che bisogna tenere, si è, che qualora è da porgere la man destra, si faccia il solito passo del Minuetto.

Si possono parimente fare, in luogo dal secondo passo di Minuetto a man destra, due Mezzo tronchi, il primo col piè destro per innanzi alla quarta positura; approssimando senza alcuno indugio il piè sinistro dietro al destro alla terza positura, e tenendolo in aria, ovvero sopra la punta: ed il secondo Mezzo tronco col piè sinistro, ritornando addietro alla quarta positura; dopo del quale, bisogna subitamente alzare il piè destro, e ricominciare il passo di Minuetto.

Avvi ancora degli altri passi adatti alla Dama, ed al Cavaliere, co' quali si può rendere adorno il Minuetto, ed i quali conoscono i buoni Maestri di ballo. Ed all' incontro ve ne ha degli altri assai, del qual numero sono i passi Saltanti

DEL BALLO NOBILE. 149

semplici, o capriolati, i passi raddoppiati, che si fanno velocemente, ed i passi, che girano più d'un quarto di giro, i quali generalmente son da schifare, come quelli, che scompongono la persona, e contraffanno la figura del Minuetto.

Ed ultimamente è da avvertire, che i passi, o piegamenti di testa, co' quali si può rendere il Minuetto più adorno, non si deono troppo allo spesso fare, perciocchè di leggieri partorir potrebbono affettazione, e muterebbongli la figura. Per la qual cagione nell'intero suo decorso far si potranno, una, due, o al più tre volte, e gli saran per aggiugnere somma grazia, e legiadria: dove il trapassare questo numero sarebbe lo stesso, che voler incorrere nel grave difetto di coloro, che sono più vaghi degli ornamenti, che della sustanza delle cose.

TRATTATO

DELLA CONTRADANZA.

Ettosi sufficientemente del Minuetto, e delle maniere, colle quali si può nobilmente ballare; convien, che di passaggio si faccia anche parola della Contradanza, giacchè da qualche tempo a questa parte, non già perchè lo meriti, ma più tosto per vedersi in moto un gran numero di persone, ed affine di ravvisar l'ordine nella confusione, e nella mischia, ha messo il piè tra le danze nobili.

La Contradanza si può fare, o con determinato numero di Dame, e di Cavalieri, ovvero indeterminato, cioè di quante, e quanti mai ne possono entro quella stanza, ove si balla, capire.

La

DEL BALLO NOBILE. 151

La Contradanza di numero diterminato, cioè di quattro, d'otto, o al più di dodici perſone; è compoſta di figure, e di paſſi regolati, fatti ſopra alcune arie agevoli, e corte. Vuol eſſere ſolamente ballata da quelle Dame, e da que' Cavalieri, che ſanno le regole del ballo nobile, o almeno quei ſoli paſſi, i quali deono entrar nella Contradanza. Ed affine di evitare ogni confuſione, fa di meſtiere, prima d'eſporſi agli occhi del pubblico, o ſeparatamente, ovvero uniti aſſieme, impararla, perciocchè così facendo, non potranno, ſe non piacere agli ſpettatori del ballo.

La Contradanza di numero indeterminato, cioè d'altretante Dame, e Cavalieri meſſi a fila ſopra due linee, quanti ne comporta l'ampiezza di quel luogo, dove ſi balla, è compoſta di ſole regolate figure, e di paſſi non regolati. Vuol eſſere parimente ballata da coloro, che ſanno la danza nobile, o almeno quei soli paſſi, che vi biſognano, cioè, il Fioretto, il Mezzo tronco, il Tronco, il Mezzo contrattempo, il Contrattempo, il Saltante, il paſſo di Rigodone, lo Scacciato, e l'Unito. Si potrebbe anche tra queſti annoverare un antichiſſimo paſſo detto Zoppetto, il quale altro non è, che un paſſo Tronco, dopo il cui movimento rialzato, ſi leva in aria il piè, che lo termina, ed appreſſo, appoggiandolo a terra, biſogna laſciarviſi leggiermente su cadere, e ripiegare incontinente i ginocchi, per incominciare un altro Tronco. Quantunque però queſto paſſo ſiaſi per me veduto, e tutto giorno ſi vegga uſare ad alcune perſone di diſtinzione, pur nondimeno io non farei per conſigliare alcuno a ſervirſene. Ora con queſti paſſi ſi può ballare la Contradanza aſſai regolatamente, per quello, che s'attiene alle figure, ed alla cadenza, non già a

mo-

DEL BALLO NOBILE. 153
movimenti de' paſſi. E contuttochè fia coſa impoſſibile, il poterſi color, che ballano, incontrare, facendo gli ſteſſi paſſi, quando queſti non ſiano regolati, e ſtabiliti ſulle figure; tuttavia valendo ogni paſſo, come di ſopra dicemmo, una miſura d'armonia, eglino perfettamente riempiranno, con diverſi movimenti, così la cadenza, che la regolata figura.

Tra tutte le Contradanze di numero indeterminato, le più regolate, e che piacciono più dell' altre, ſono quelle, ove entra il ſolo paſſo di Minuetto, le quali vogliono eſſer ballate da coloro, che ſanno ballare il Minuetto in cadenza. La loro regola, ed il diletto, che danno altrui, procedono dall' eſſer quelle danzate ſopra alcune arie, dalle quali ſi può in un tratto comprendere, quanti paſſi di Minuetto in ciaſcheduna figura ſi poſſono contenere.

Or da quello, che finora è detto, apertamente ſi ſcorge, che coloro,

i quai quali non sanno la danza nobile, o almeno que' soli passi, che nelle Contradanze abbisognano, non le potranno in alcun modo ballare. Nè varrà il dire, che, que' tali, che non hanno della danza, o de' richesti passi notizia, basta solo, che siano sulle dette linee tra quelli fraposti, che sanno ottimamente ballare; perciocchè, non sapendo essi con esattezza fare un solo passo, ed in conseguenza venendosi le già regolate, o stabilite figure a descrivere, prima, o dopo il debito tempo, per necessità vi dovrà nascere un continuo sconcerto, ed una vergognosissima confusione.

La poca fatica, che si dura nel comporre le figure delle Contradanze, fa sì, che ognuno, o bene, o male, e secondo la propia sufficienza, ne vada tutto giorno a suo modo inventando delle nuove: donde procede l'infinito numero, che se ne trova; in guisa che alle volte interviene, che vi

sa-

DEL BALLO NOBILE.
saranno delle Contradanze ignote a tutti, fuor solamente a coloro, che le introducono. Sopra di che, è da dare questo avviso, che non è cosa ben fatta, il voler nelle conversazioni, e tanto meno ne' solenni Festini, imparare estemporaneamente alcuna di queste nuove Contradanze: ma si conviene innanzi tratto appararle almeno a due Dame, ed a due Cavalieri, che a cominciarle dovranno essere i primi, acciocchè gli altri, udite prima l'arie di quelle, e ravvisatene le figure, le possano convenevolmente ballare.

DELLE RIVERENZE FUOR DELLA DANZA.

Uantunque il far motto delle Riverenze fuor della danza paja cosa, alla proposta materia, di cui mi sono diliberato, poco appartenente; pur nondimeno, considerando quanto sian esse nella società civile, e nell'usar necessarie, mi piace (quando altri non fusser contenti di veder questo capitolo disgiunto dal Trattato del Ballo Nobile) anzi d'espormi alla lor giusta, ovvero ingiusta censura, che tralasciar cosa, da cui possono spezialmente le Dame, ed i Cavalieri, in serviggio de' quali a sì fatta fatica messo mi sono, alcun profitto ritrarre. Le Riverenze adunque fuor della danza, avvegnachè

DEL BALLO NOBILE.

chè anzi procedano dal *buon gusto* di chi le fa, dal converfare, e dall'aver imparato a ballare, che da particolari precetti; tuttavia vi fono anche alcune regole generali, e coſtanti, per le quali ſi poſſono eſattamente, e con tutta la grazia adoperare. Si riducon queſte al ſolo numero di quattro, cioè al riverire camminando innanzi, addietro, a man deſtra, e ſiniſtra, ed a piè fermo.

Or volendo il Cavaliere falutare alcuno nel primo modo, mandi, ovvero ſdruccioli (fecondo l'opportunità di quel luogo, ove ſi dimora) un piè per innanzi, e tenendo il cappello colla man ſiniſtra, chini il corpo, o poco, o affai, fecondo il merito della perfona, che riverifce, la quale riguardi egli un pochetto, ma graziofamente, nel vifo. E volendo nuovamente rifalutarla; poichè avrà fatti alquanti paffi dalla banda dinanzi, torni, nel divifato modo, a fare la Riverenza.

Le

Le Riverenze, che sono da fare, camminando addietro, servono ordinariamente nel prendere, che alcun fa, congedo da un altro, da cui si vuol dipartire. Si fanno queste in quel numero, che si conviene, chinando il corpo, e portando, o leggiermente sdrucciolando, un piè dopo l'altro per finattanto, che sia lecito di sottrarre lo sguardo della persona, che egli saluta.

Le Riverenze, che si vogliono fare dall'uno, e dall'altro lato, sono invero le più difficili. Servono ne' luoghi, dove vi ha gran copia di persone, e ne' quali v'è obbligo di di salutar camminando, o solamente quelle, che stanno a lato diritto, ovvero quelle, che dimorano a man sinistra, o finalmente così l'une, che l'altre. Dovendo adunque il Cavaliere entrare in una Galleria, od altra stanza, ove si trovano a man destra, e sinistra, e nel fondo di quella, assai Dame, e Cavalieri seduti, o che

stan-

DEL BALLO NOBILE.

stanno in piedi, convien, che entrato, che farà in essa, faccia a tutta la brigata la sua prima Riverenza: e quindi messosi a camminare sopra la linea retta, e volendo egli salutare alcuna persona a lato destro, innanzi di farsele troppo di presso, guardatala graziosamente nel viso, e nello stesso tempo presentatale alquanto la presenza del corpo, sdruccioli soavemente, o mandi verso l'obliqua il piè destro, e chinando verso di lei il corpo, le faccia la Riverenza. Ed appresso, volendo egli salutare alcuno a man sinistra, cammini, se bisogna, uno, due, o più passi, e portato, o sdrucciolato, che avrà col piè manco verso l'obliqua sinistra, gli faccia, nel modo detto di sopra, la Riverenza. E s'egli vorrà continuare dall'una, e dall'altra banda le sue Riverenze, avverta bene a passare da una all'altra obliqua contraria, acciocchè non volti le spalle alle persone, che stanno da un de' lati. Ed

TRATTATO

Ed ultimamente le Riverenze a piè fermo, servono qualora si vogliono salutare, quelle persone, alle quali si sta molto di presso. Si fanno esse staccando un de' piedi dallato, ed appoggiatolo a terra, si porti, o si sdruccioli dietro di esso leggiermente coll' altro piede, chinandosi il corpo, e facendosi quanto è detto di sopra.

Quanto finora è detto, serva anche di regola alla Dama nel far le sue Riverenze, la quale può solamente rimanersi di sdrucciolare: e quando vorrà salutare alcuno, basterà solo, che si fermi, tenendo i piedi sulla prima, o sulla terza positura, o alquanto più lontani, quando le fosse più comodo: ed appresso pieghi amenduni i ginocchi nel modo di sopra mostrato nel capitolo della Riverenza.

IL FFNE.

www.ingramcontent.com/pod-product-compliance
Lightning Source LLC
Chambersburg PA
CBHW020111240426
43661CB00026B/1318